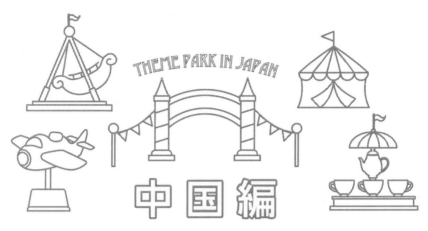

THEME PARK IN JAPAN

中国編

テーマパーク産業論
改訂版

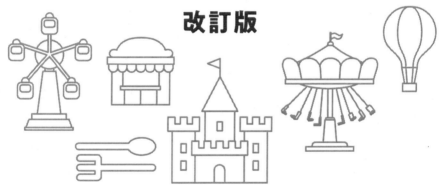

中島 恵

三恵社

目 次

はじめに

　本書では、中国のテーマパーク産業を**経営学**的に論じる。本書は『テーマパーク産業論』（2011 年出版）の改訂版で、中国に特化している。前著（2022b）『テーマパーク産業論改訂版アジア編』で第 I 部、中国市場、第 II 部、東南アジア市場、第 III 部、中東市場と分けて論じた。その中で、特に中国市場が急速に巨大化しているため、独立して本書とする。

　本書は観光学部、経営学部や経済学部の観光コースの大学生や大学院生、およびテーマパーク業界、観光業界で働く実務家向けである。ただし本書は具体的な経営ノウハウではない。そのため財務諸表（貸借対照表、損益計算書、キャッシュフロー計算書等）の分析を行わない。財務諸表を分析し、投資収益率、流動比率、総資本回転率、一株当たり利益率、労働分配率、損益分岐点などを算出することが経営（マネジメント）と考える人がいるようだが、それらは経営分析といって会計学の一分野である。本書に会計学の視点はない。なお、本書は各章完結型で、1 章ごとに読んでも理解できる。

テーマパーク産業の社会的意義

　前著「日本編」（2022a）で、日本のテーマパーク産業には大きく 2 つの社会的意義があると述べた。それは、①クールジャパン・コンテンツの二次利用による外国人観光客誘致と外貨獲得、②観光開発で地域活性化、特に過疎地や寂れた地域の活性化である。例えば、東京ディズニーランド（TDL）建設以前の浦安市舞浜エリアは公害で汚染された寂れた漁業の街であった。ユニバーサル・スタジオ・ジャパン（USJ）がある大阪市此花区桜島エリアは重厚長大産業の寂れた工場の集積であった。テーマパークが大きく成功すると観光地、リゾート地として美しくなり、活性化される。その際、SDGs（終章）に配慮し環境保全に努める必要がある。中国でもテーマパーク事業に社会的意義がある。それは、①外国人観光客誘致と外貨獲得、②観光開発で地域活性化、特に開発が遅れる内陸部の活性化である。

テーマパーク産業を経営学的に研究する意義

　経営学研究は自動車、電機、鉄鋼など大規模製造業を中心に発展してきた。これらの産業を研究する人は多く、膨大な研究蓄積がある。日本は製造業立国であったが、物価上昇に伴い工場の海外移転が相次ぎ、産業の空洞化が進んだ。新興国の台頭も著しい。そこで 2003 年に**小泉政権**は「**観光立国**」を掲げ、訪日外国人観光客（インバウンド）を増やすため「ビジット・ジャパン・キャンペーン」を開始した。観光庁によると、訪日外国人数は 2003 年に

521万人、2007年に835万人、東日本大震災の2011年に622万人に落ち込むも回復し、2013年に1036万人と初めて1000万人を超えた。2015年に1974万人、2016年に2404万人、2018年に3119万人、新型コロナウィルス感染拡大前の2019年には3188万人を記録した[1]。東京オリンピックの2020年に4000万人を超え、その後は年間6000万人となる計画だった。物価の高い日本では製造業立国は難しくなり、日本政府は観光立国に舵を切った。しかし観光業界を対象とした経営学研究が不足している。経営学の理論は大規模製造業を前提とするものが多い。テーマパーク業界を研究することで観光業界全般に活かせるだろう。テーマパーク産業にはベンチマークされる優良企業も優秀な経営者もいる。特にTDRを運営するオリエンタルランドとUSJの経営状態は世界的に注目されている。

本書の構成

　本書は3部構成である。序章で世界ランキングと世界動向、第I部でディズニーランド、第II部でユニバーサル・スタジオ、第III部で他の企業（非ディズニー・非ユニバーサル）のテーマパークを考察する。第1章で香港ディズニーランド、短編1で幻の北京ディズニーランド、第2章で上海ディズニーランドを考察する。第3章でユニバーサル・スタジオ上海の計画中止、番外編でユニバーサル・スタジオ・ソウルの計画中止、第4章でユニバーサル・スタジオ北京を考察する。短編2で沃徳蘭遊楽園の廃墟化と解体、短編3で恒大集団の観光事業「恒大童世界」と「中国海南海花島」、第5章で大連万達集団の「中国版ディズニー」の野望を考察する。短編4で香港海洋公園の奇跡的V字回復、第6章で中国最大手、華僑城集団、第7章で偽ディズニーランドと報じられた石景山遊園地を考察する。終章で無我夢中の経済開発とSDGsの必要性を考察する。

研究方法

　研究方法は文献研究を用いた事例研究である。文献とは、新聞、書籍、ビジネス雑誌等である。残念ながら、インタビュー調査に応じていただけなかったため、二次資料を活用する。各章で中国の主なテーマパークを選び、詳細に考察する。私の研究はテーマパーク業界を初めて経営学的に研究し、全体像を明らかにする挑戦である。事例研究を増やし、多くの事例が集まったら帰納したい。後に帰納法で解明するための途中段階にある。

---

[1] 観光庁「訪日外国人旅行者数・出国日本人数」2022年7月26日アクセス
https://www.mlit.go.jp/kankocho/siryou/toukei/in_out.html

中国の概要

　国際協力銀行[2]によると、中国の人口は約14億人（男性7.15億人、女性6.84億人）（2019年末、出典：国家統計局編中国統計摘要-2020）である。1978年に一人っ子政策が開始されたが、人口は増加し、1995年に12億人、2005年に13億人を突破した（2015年に同政策廃止）。面積は約960万km²（台湾を含まず）と日本の約26倍、国土の約33%が山地、約26%が高原、約31%が平原と盆地である。気候は、東北が寒帯気候、華北が温帯半湿潤大陸モンスーン気候、華中が亜熱帯モンスーン気候、華東が温帯モンスーン気候、西部が乾燥帯、華南が亜熱帯である。通貨は中国人民銀行が発行する人民幣（Ren Min Bi：略称RMB）で、日本で人民元と呼ばれ、表記は「元」「RMB」「CNY」である。

国民　全56民族を擁する多民族国家で、人口の約92%が漢族、約8%が55の少数民族である。漢族が基本とする「漢語」を標準語（「プートンファ（普通話）」や「マンダリン（Mandarin）」）とする。各民族が独自の文化と言語を有する。漢族の中に方言がある（例：山東語、北京語、上海語、福建語、広東語、客家語等）。若い世代の大部分は標準語で教育を受けている。中国人の気質は出身地域により特色があり、次のように言われる。東北地域（吉林省、黒龍江省等）は大らかで細かいことは気にしない。華北地域（北京市近郊）はプライドが高い一面もあるが、公平・公正で正義感が強い。華東地域（上海市近郊）は商人気質が強く合理性や経済観念が強い。華東地域（福建省近郊）は海外に雄飛して志を立てようとする海外志向が強い。華南地域（広東省近郊）は活気と活力に富み、創造的で活発な気質である。

歴史　1911年に辛亥革命が起き、孫文が中華民国を建国、1949年に毛沢東が中華人民共和国を建国した。1958〜1960年に大躍進政策、1966〜1976年に文化大革命、1972年に日中国交回復、1978年に鄧小平による改革開放、1989年に天安門事件、1992年に社会主義市場経済、1997年に香港返還、1999年にマカオ返還、2001年にWTO加盟、2008年に北京五輪、2010年に上海万博、2019年に武漢で新型コロナウィルスが発生した。

都市　中国の経済情報メディアである第一財経と、傘下の新一線都市研究所は「2022年都市の商業的魅力ランキング[3]」を発表した。ランキングは2016年以降、毎年発表されており、「商業施設の充実度」「都市のハブとしての機能性」「市民の活性度」「生活様式の多様性」「将来の可能性」などの指標を基に中国の337都市を一線、新一線、二線、三線、四線、五

---

[2] 国際協力銀行「第1章　外観」2023年2月5日アクセス
https://www.jbic.go.jp/ja/information/investment/images/inv-china01.pdf
[3] 第一財経「2022 新一线城市名单官宣」2023年2月6日アクセス
https://www.yicai.com/news/101430366.html

線都市に分類しランク付けしている。2022 年のランキングでは、**一線都市**に上海、北京、広州、深圳の 4 都市（頭文字「北上広深」）が、新一線都市に成都、重慶、杭州、西安、武漢、蘇州、天津、長沙、合肥、青島等の 15 都市が選ばれた[4]。なお、香港周辺の三角地帯を**珠江デルタ**、上海周辺の三角地帯を**長江デルタ**といい、経済の中心である。

用語説明

CEO：Chief Executive Officer：最高経営責任者：日本でいう社長、経営者

COO：Chief Operating Officer：最高執行責任者

CFO：Chief Financial Officer：最高財務責任者

董事長（とうじちょう）：中国の会社のトップ、会社の代表権を持つ者。日本でいう社長、経営者。中国で取締役を董事、取締役会を董事会という。

総経理（そうけいり）：中国の会社で具体的な実務を行う経営者。日本でいう社長。経理部長ではない。董事会に任命される。董事長の方が上の立場。

香港：香港「市」ではなく「香港特別行政区」。1997 年にイギリスから返還。

マカオ（澳門）：澳門「市」ではなく「澳門特別行政区」。1999 年にポルトガルから返還。

北京：北京市：首都、政治機能が集中。北京市人民政府（本書での略称：北京市政府[5]）

上海：上海市：中国一の経済都市。上海市人民政府（同：上海政府）

中国の大型連休：①春節（旧正月）2 月に 7 連休前後、②労働節（メーデー）5 月に 5 連休前後、③中秋節（中秋の名月）9 月に 3 連休前後、④国慶節（建国記念日）10 月に 7 連休

全人代（ぜんじんだい）：全国人民代表大会の略：日本の国会に相当

中央企業：中国の中央政府直属の国有企業

第2パーク：成功したテーマパークに隣接してつくる同じブランドのテーマパーク。例えば、東京ディズニーランドが第 1 パークで、東京ディズニーシーが第 2 パーク。

ha：ヘクタール。広さの単位。テーマパークで使われる。100m×100m=10000m²

米：亜米利加：アメリカ、**仏**：仏蘭西：フランス

TDL：東京ディズニーランド、1983 年開業、**TDS**：東京ディズニーシー、2001 年開業

TDR：東京ディズニーリゾート、2001 年開業、TDL と TDS にイクスピアリ、モノレール、ホテル等を合わせたリゾートエリア。

---

[4] JETRO 「「2022 年都市の商業的魅力ランキング」発表（中国）」2023 年 2 月 6 日アクセス
https://www.jetro.go.jp/biznews/2022/06/9f9df69f8ed862ca.html
[5] 「北京政府」は辛亥革命後の 1912 年に袁世凱らに樹立され、1928 年に崩壊した。

US：ユニバーサル・スタジオ／1964 年に US ハリウッド開業、2001 年に USJ 開業、2011 年に US シンガポール開業、2021 年に US 北京開業。

所感

　以前テレビで手塚治虫先生の特集を見た時、手塚先生は「実際に作品化できるかはともかく、次の漫画のアイディアだけは無限に湧いて出てくる」とおっしゃった。その時、「私もそう！！」と思い、激しく同意した。私も論文化・書籍化できるかはともかく、次の作品のアイディアだけは無限に湧いて出てくる。この点だけが、天才の手塚治虫先生と凡人の私の共通点である。思わぬ共通点に衝撃を受けた。そして嬉しかった。次の作品のアイディアをひらめき、どんな展開にするか考える時、ワクワクして最高に楽しい。私が「生きている」と感じるのは、このアイディアをひらめいた時と、新規の興味深い事象を知った時と、筆が乗って執筆が進んでいる時である。手塚先生はワクワクしながら、脳科学的にはドーパミンを出しながら新規アイディアを考えていたはずである。手塚先生が「生きている」と感じていたのは、苦しい時よりも、新規アイディアをひらめき、ハイスピードで書き留めながら、どのような展開にするかアイディアを練っていた時と思われる。

　しかも手塚先生は自ら「ディズニー狂い」と言うほどディズニーアニメのファンだった。私はアニメではなく、経営者としてのウォルト・ディズニーの熱狂的なファンである。その点は違うが、私もディズニー狂いの粋に達しているだろう。まさかこんなところで天才と凡人（私）に共通点があると思わなかった。ウォルトが生涯をアニメとテーマパーク創造に捧げたように、手塚治虫先生も生涯を漫画創作に捧げた。このお二方に倣いたい私は生涯をテーマパーク研究に捧げると誓った。

　他方、小説家の浅田次郎先生を数ヶ月前にテレビで拝見した。浅田先生は、小説家の共通点は「執念深いこと」とおっしゃった。やはり、と思った。またスタジオジブリの宮崎駿監督と高畑勲監督は「強烈な負けず嫌い」だという[6]。こちらに関しても、やはり、と思った。

　私は御三方の足元にも及ばないが、執念深く、強烈な負けず嫌いである。私は 2015 年頃までは研究に情熱を燃やしていたが、それ以降は研究に執念を燃やすようになった。ポジティブに燃えていたのが、ネガティブに燃えるようになった。なぜネガティブに変化してしまったのか。若い頃はポジティブに燃え、年とともにネガティブに燃えるようになるのか。

---

[6] 2018/04/08 アニメ＆ゲーム by オリコンニュース「「監督・宮崎駿」を生み出した高畑勲の功績 肉親以上の関係だった 2 人の天才」2022 年 7 月 31 日アクセス
https://www.oricon.co.jp/special/50964/

執念を燃やす経営者といえば、大連万達集団の王健林董事長（1954年生まれ）である（第5章）。王氏は「中国版ディズニー」を目指し、「打倒ディズニー」という野望を掲げ、映画撮影所やテーマパークを建設した。私見であるが、王氏も若いうちは素直で情熱的だったが、年とともにネガティブなエネルギーを燃やすようになったのではないか。

しかし、私は先日重要な発見をした。2023年1月2日に箱根駅伝を見ていたら、1位で通過した選手がインタビューで「執念ですか？」と聞かれ、「はい、執念です」と答えていた。若いスポーツ選手も執念を燃やすらしい。よって、若者は純粋に情熱を燃やす、年齢が上がると怒りの執念を燃やすとは必ずしも言えない。

怒りの執念といえば「怒りの日」である。私はモーツァルトファンなので怒りと言ったらレクイエム「怒りの日（Dies irae：ディエス・イレ）」である。この曲はモーツァルトの代表曲で色々な映画やドラマ、CMなどで使われる。へこたれそうになったら私はこの曲を聞きながら燃える。研究は自分との戦いである。今ふと思った。モーツァルトのような作曲家にとって作詞・作曲は自分との戦いなのだろう。モーツァルトはなぜレクイエム（鎮魂歌：死者のためのミサ曲）に「怒りの日」のような激しく燃える曲を作ったのか。ちなみに、私にとって一番好きなレクイエムはモーツァルトの「涙の日（ラクリモーサ）」である。

謝辞

私が研究に燃えられるのは、私を支えてくれる家族のおかげである。研究者仲間の夫、私そっくりの娘、両親と弟には心から感謝している。いい家族に恵まれて、私は幸せである。

私にとって身近な中国といえば満州である。私の母方の祖母の姉とその夫は、長野県の貧しい小作農で農地を求めて満州に渡った（満蒙開拓移民という）。ところが事前に聞いていた話と大きく違い、さらなる貧困に陥り、敗戦で地獄に落ちた。小さい子供二人を満州の人に託し、飢餓と伝染病が蔓延する中、難民になり、餓死寸前、凍死寸前で引き揚げてきた。戦後、中国残留孤児となった我が子を探し続けたが、見つからず、ついに当人たちが死去した。満州の養父母がいい人だったことを祈る。その二人の子供は今では70代である。戦後急速に発展した日本と違い、中国は文革で大飢饉に陥り餓死者が出た。なんとかサバイバルして幸せに生きていてくれることを願う。

私の祖母はまだ小さかったので満州に行かなかった。祖母がもう少し早く生まれていたら満州に行き、私の母は中国残留孤児となり、私は中国で生まれたかも知れない。私にとって満州は今でも異国ではなく同郷で、満州の人はみな同朋である。私が中国について1冊の本を書く日が来るとは思わなかった。本書を中国残留孤児の親戚二人とその養父母に捧げる。

序　章　世界ランキングと世界動向

1.はじめに

　本章では、世界のテーマパーク産業の現状と特性を考察する。アメリカの調査会社 TEA（Themed Entertainment Association）がそれらを調査している。ここでは 2011 年と新型コロナウィルス流行前の 2019 年を比較する。2020 年から新型コロナ流行でテーマパーク業界は大打撃を受け、本来の入場者数よりも少ない入場者数となったので、2019 年の入場者数を示す。

2.日本の経済産業省によるテーマパークの定義

　中国政府によるテーマパークの定義が見当たらないため、日本政府のテーマパークの定義を参考に、筆者の定義も合わせる。日本の経済産業省は「平成 30 年特定サービス産業実態調査[7]」のうち「公園、遊園地・テーマパーク」の調査結果をまとめた。調査方法は経済産業省が調査を委託した特定サービス産業実態調査実施事務局が、郵送により調査票を配布し、郵送又はオンラインにより取集を行った。公園、遊園地・テーマパークの調査対象は、娯楽を提供することを主たる業務として営む事業所のうち、以下に該当する事業所である。

① **公園**：○○公園、○○庭園、○○公園管理事務所などと呼ばれている事業所で、入場料を徴収することで入場でき、樹木、池等の自然環境を有して、娯楽を提供し、又は休養を与える事業所

② **遊園地**：主として屋内、屋外を問わず、常設の遊戯施設[8]を 3 種類以上（直接、硬貨・メダル・カード等を投入するものを除く）有し、フリーパスの購入もしくは料金を支払うことにより施設を利用できる事業所

③ **テーマパーク**：入場料をとり、特定の非日常的なテーマのもとに施設全体の環境づくりを行い、テーマに関連する常設かつ有料のアトラクション施設[9]を有し、パレードやイベントなどを組み込んで、空間全体を演出する事業所

---

[7] 経済産業省「平成 30 年特定サービス産業実態調査報告書」の中の「公園，遊園地・テーマパーク編」2021 年 6 月 23 日アクセス https://www.meti.go.jp/statistics/tyo/tokusabizi/result-2/h30/pdf/h30report26.pdf

[8] 遊戯施設とは、コースター、観覧車、メリーゴーランド、バイキング、フライングカーペット、モノレール、オクトパス、飛行塔、ミニ SL、ゴーカートなどをいう。

[9] アトラクション施設とは、映像、ライド(乗り物)、ショー、イベント、シミュレーション、仮想体

本書でのテーマパークの定義

　本書ではテーマパークと遊園地を明確に区別することは重要ではないため、両者を合わせてテーマパークと表記する。ただし固有名詞は遊園地と表記する。テーマパークと遊園地の簡潔な定義は「テーマがあるのがテーマパーク、テーマが無く乗り物を集めたのが遊園地」である。業界で定着しているものの、誰の定義か定かではない。それに対して、筆者の定義は「昭和の名称が遊園地、平成以降の名称がテーマパーク」である。名称のみの違いである。筆者は中身については差をつけて考えていない。例えば「食のテーマパーク」と自称するか、報道されているものの、実際はレストラン街やフードコートにエンターテイメント性が付加されたものもある。「花のテーマパーク」や「農業体験テーマパーク」も同様で、従来型のレストラン街やフードコート、花園、農業体験では集客力に欠けるため、話題性ある取り組みが必要だからである。よって筆者はテーマパークと遊園地を区別せず、合わせてテーマパーク産業としている。

表1：遊園地とテーマパークの定義

	簡潔な定義	中島の定義
遊園地	テーマが無い	昭和の名称
テーマパーク	テーマが有る	平成以降の名称

3.世界テーマパーク産業の動向

　TEA の「2011年世界主要10テーマパークグループ」（表2）には世界のテーマパーク事業者の入場者数ランキングがある。多くの場合、一事業者が複数のテーマパークを経営しているため「テーマパークチェーン」と呼ばれる。TEA は各事業者の全テーマパークの入場者を合算している。そこでは米ウォルト・ディズニー社（以降、米ディズニー社）のテーマパークの圧勝である。実際は米ディズニー社の子会社ウォルト・ディズニー・パークス・アンド・リゾーツの子会社ウォルト・ディズニー・アトラクションズが運営している。

　2位のマーリン・エンターテイメンツはイギリスのプール（Poole）のテーマパーク運営会社で、欧州中心に中小規模のテーマパークを多数有する。3位のユニバーサル・スタジオと比べると、世界のディズニーランドの総入場者数が約4倍である。4位のパークス・リュニダスはスペインのマドリードのエンターテイメント企業で、欧米中心に中小規模のテーマパ

験（バーチャルリアリティ）、展示物の施設などをいう。

ークを多数経営している。8位の華僑城は中国深圳の都市開発の企業で、大規模開発の一部として テーマパークを建設している。それ以外の10位以内の企業は、中小規模のテーマパークを数十所有して経営している。規模性の経済と範囲の経済性を得ている。おそらく経営難に陥ったテーマパークや動物園を吸収して運営しているのだろう。

表2：世界主要10グループの2011年入場者数（単位：万人）

	企業グループ	本社	主要パーク	入場者
1	ウォルト・ディズニー・アトラクションズ	米カリフォルニア州バーバンク	ディズニーランド	12140
2	マーリン・エンターテイメンツ・グループ	英プール	欧州中心に中小パーク多数	4640
3	ユニバーサル・スタジオ・リクレーション・グループ	米フロリダ州オーランド	ユニバーサル・スタジオ	3080
4	パークス・リユニダス	西マドリード	欧米に中小パーク多数	2622
5	シックスフラッグズ・エンターテイメント	米テキサス州グランドプレーリー	絶叫マシン系パーク多数	2430
6	シーワールド　パークス&エンターテイメント	米フロリダ州オーランド	米国の海のテーマパーク	2360
7	シダー・フェア・エンターテイメント・グループ	米オハイオ州サンダスキー	ナッツベリーファーム等米国に中小パーク多数	2340
8	華僑城（OCT PARKS）	中国・深圳	都市開発とテーマパーク	2173
9	ヘルシェント・エンターテイメント	米ジョージア州アトランタ	米国に中小パーク多数	950
10	カンパーニュ・デ・アルプス	仏ブローニュ＝ビヤンクール	欧州中心に中小パーク多数	921
	合計			33656

出典：2011年「Theme Index: Global Attraction Attendance Report」p.11 の表に加筆修正
http://www.aecom.com/deployedfiles/Internet/Capabilities/Economics/_documents/Theme%20Index%202011.pdf

表3：世界主要10グループの2019年入場者数（単位：万人）

	企業グループ	本社	主要パーク	入場者
1	ウォルト・ディズニー・アトラクションズ	米カリフォルニア州バーバンク	ディズニーランド	15599
2	マーリン・エンターテイメンツ・グループ	英プール	欧州中心に中小パーク多数	6700
3	華僑城（OCT PARKS)	中国・深圳	都市開発と中小パーク多数	5397
4	ユニバーサル・スタジオ・リクレーション・グループ	米フロリダ州オーランド	ユニバーサル・スタジオ	5124
5	華強方特（FANTAWILD)	中国・重慶	中国に中小パーク多数	5039
6	長隆（CHIMELONG)	中国・広州	中国に中小パーク多数	3702
7	シックス・フラッグズ・エンターテイメント	米テキサス州グランドプレーリー	絶叫マシン系パーク多数	3281
8	シダー・フェア・エンターテイメント・グループ	米オハイオ州サンダスキー	ナッツベリーファーム等米国に中小パーク多数	2794
9	シーワールド　パークス&エンターテイメント	米フロリダ州オーランド	米国の海のテーマパーク	2262
10	パークス・リユニダス	西マドリード	欧米に中小パーク多数	2220
	合計			52120

出典：AECOM, Theme Index 2019, p11, 2021年6月30日アクセス

https://aecom.com/content/wp-content/uploads/2020/07/Theme-Index-2019.pdf

　2020年から新型コロナ流行でテーマパーク業界は長期の休業や入場者数抑制など大打撃を受け、従来の入場者数を大幅に下回り、実力を下回る入場者数である。最新版として2021年版が出ているが、本書では2011年と新型コロナ流行前の2019年を比較する。例えば、2020年のTDLの入場者数は416万人と1983年開業から初めての1000万人割れとなった。そのため本書では従来の入場者数を反映している2019年のデータで考察する。

表4：2011年世界トップ20テーマパーク（単位：万人）

	テーマパーク	立　　地	入場者
1	**ディズニー・マジックキングダム**	米フロリダ州レイクブエナビスタ	1714
2	**ディズニーランド**	米カリフォルニア州アナハイム	1614
3	**東京ディズニーランド**	日本・東京*	1400
4	**東京ディズニーシー**	日本・東京*	1193
5	**ディズニーランド・パリ**	仏マヌル・ラ・ヴァレ	1100
6	**エプコット（ディズニーワールド）**	米フロリダ州レイクブエナビスタ	1083
7	**ディズニー・アニマルキングダム**	米フロリダ州レイクブエナビスタ	978
8	**ディズニー・ハリウッドスタジオ**	米フロリダ州レイクブエナビスタ	970
9	ユニバーサル・スタジオ・ジャパン	日本・大阪	850
10	アイランド・オブ・アドベンチャー	米フロリダ州オーランド	767
11	ロッテワールド	韓国ソウル	758
12	香港海洋公園	香港	696
13	エバーランド	韓国京畿道	657
14	**ディズニー・カリフォルニア・アドベンチャー**	米カリフォルニア州アナハイム	634
15	ユニバーサル・スタジオ・フロリダ	米フロリダ州オーランド	604
16	**香港ディズニーランド**	香港	590
17	ナガシマスパーランド	日本・三重	582
18	シーワールド・フロリダ	米フロリダ州オーランド	520
19	ユニバーサル・スタジオ・ハリウッド	米カリフォルニア州ユニバーサルシティ	514
20	**ウォルト・ディズニー・スタジオ**	仏マヌル・ラ・ヴァレ	471
	合計		17604

出典：2011年「Theme Index: Global Attraction Attendance Report」のpp.12-13の表に加筆

http://www.aecom.com/deployedfiles/Internet/Capabilities/Economics/_documents/Theme%20Index%202011.pdf

太字表記はディズニーのテーマパーク。

*アメリカの資料なので東京ディズニーリゾートの立地が東京となっている。実際は千葉県と調べてないようである。以下の資料も同様。

表5：2019 年世界トップ 20 テーマパーク（単位：万人）

	テーマパーク	立　地	入場者
1	ディズニー・マジックキングダム	米フロリダ州レイクブエナビスタ	2096
2	ディズニーランド	米カリフォルニア州アナハイム	1186
3	東京ディズニーランド	日本・東京*	1791
4	東京ディズニーシー	日本・東京*	1466
5	ユニバーサル・スタジオ・ジャパン	日本・大阪	1450
6	ディズニー・アニマルキングダム	米フロリダ州レイクブエナビスタ	1389
7	エプコット（ディズニーワールド）	米フロリダ州レイクブエナビスタ	1244
8	長隆海洋公園	中国・珠海	1174
9	ディズニー・ハリウッドスタジオ	米フロリダ州レイクブエナビスタ	1148
10	上海ディズニーランド	中国・上海	1121
11	ユニバーサル・スタジオ・フロリダ	米フロリダ州オーランド	1092
12	アイランズ・オブ・アドベンチャー	米フロリダ州オーランド	1038
13	カリフォルニア・アドベンチャー	米カリフォルニア州アナハイム	986
14	ディズニーランド・パリ	仏マルヌ・ラ・ヴァレ	975
15	ユニバーサル・スタジオ・ハリウッド	米カリフォルニア州	915
16	エバーランド	韓国京畿道	661
17	ロッテワールド	韓国ソウル	595
18	ナガシマスパーランド	日本・三重	595
19	ヨーロッパパーク	独ルスト	575
20	香港海洋公園	香港	570
	合計		22067

出典：AECOM, Theme Index 2019, p12-13, 2021 年 10 月 3 日アクセス

https://aecom.com/content/wp-content/uploads/2020/07/Theme-Index-2019.pdf

表 6：2011 年アジアランキング（単位：万人）

	テーマパーク	立　　地	入場者
1	**東京ディズニーランド**	日本・東京*	1400
2	**東京ディズニーシー**	日本・東京*	1193
3	ユニバーサル・スタジオ・ジャパン	日本・大阪	850
4	香港海洋公園	香港	695
5	エバーランド	韓国京畿道	657
6	**香港ディズニーランド**	香港	590
7	ナガシマスパーランド	日本・三重	582
8	ロッテワールド	韓国ソウル	578
9	華僑城	中国・深圳	389
10	横浜・八景島シーパラダイス	日本・横浜	382
11	中華恐竜園	中国・常州	350
12	歓楽谷	中国・北京	344
13	ユニバーサル・スタジオ・シンガポール	シンガポール	341
14	宗城演芝	中国・杭州	333
15	歓楽谷	中国・深圳	328
16	世界之窓	中国・深圳	312
17	方特歓楽世界	中国・鄭州	270
18	ドゥニア・ファンタジー	インドネシア・ジャカルタ	255
19	歓楽谷	中国・成都	244
20	歓楽谷	中国・上海	234
	合計		9670

出典：TEA/AECOM, "2011 TEA/AECOM Theme Index", p19, 2021 年 10 月 3 日アクセス

https://issuu.com/themedentertainmentassociation/docs/theme_index_2011

表7：2019年アジアランキング（単位：万人）

	テーマパーク	立　　地	入場者
1	**東京ディズニーランド**	日本・東京*	1791
2	**東京ディズニーシー**	日本・東京*	1465
3	ユニバーサル・スタジオ・ジャパン	日本・大阪	1450
4	長隆海洋王国	中国・珠海	1173
5	**上海ディズニーランド**	中国・上海	1121
6	エバーランド	韓国京畿道	660
7	ロッテワールド	韓国ソウル	595
8	ナガシマスパーランド	日本・三重	595
9	香港海洋公園	香港	570
10	**香港ディズニーランド**	香港	569
11	歓楽谷	中国・北京	516
12	長隆歓楽世界	中国・広州	490
13	ユニバーサル・スタジオ・シンガポール	シンガポール	450
14	中華恐竜園	中国・常州	443
15	世界之窓	中国・深圳	399
16	歓楽谷	中国・深圳	398
17	方特歓楽世界	中国・鄭州	384
18	歓楽谷	中国・成都	358
19	寧波方特歓楽世界	中国・寧波	357
20	歓楽谷	中国・上海	339
	合計		14126

出典：AECOM, Theme Index 2019, p55, 2021年10月3日アクセス

https://aecom.com/content/wp-content/uploads/2020/07/Theme-Index-2019.pdf

4.アジアの主要テーマパークの動向

　ディズニーグループが世界ランキングを席巻している。そこにユニバーサルグループが食い込んでいる。特にUSJの急速な躍進は下剋上と呼べる。2011年の世界トップ20施設中、10施設がアメリカ本土に立地している。うちフロリダ州に7施設、カリフォルニア州に3施設が集中している。両州が世界のテーマパークの先進エリアであり、産業集積である。続いて日本に4施設あるため、日本が世界2位でアジア地域のテーマパークの先進エリアである。人口に対する入場者数で考えると、日本人とアメリカ人の入場者数が多い。世界的に見て日本人とアメリカ人はテーマパーク好きの国民性である。アメリカでは1955年に本格的テーマパークとしてディズニーランドが開業した。ディズニーランドの影響でテーマパークの魅力に気づき、ディズニー以外のテーマパークにも行くようになったのだろう。

　特筆すべき点は、韓国勢が2施設入っていることである。人口比で考えると韓国もテーマパーク好きの国民性と言える。

　2011年と2019年の最大の差異は中国勢の台頭である。2011年の時点でこれほど中国勢が増加すると筆者は予想しなかった。またトップ20の合計入場者数が2011年と2019年で大きく増加した。世界的にテーマパークの入場者数が上がっている。

　ただしこの調査には**年間パスポートで複数回入場者**する人を排除できず、一人にカウントされるという限界がある。例えば、TDRの年パス所有者の一部には、新規イベントのたびに入口で無料配布する非売品のピンバッジ等をもらうために何回も入退場し、自分用と保管用をとって残りをネットオークションで売る人がいる。また年パス所有者には、園内の食事が高額なので外に出て近隣の安価な店で食事してから再入場する人がいる。これが複数の入場者にカウントされる。これらの統計データは再入場の年パス所有者を排除できず、人気施設の入場者数を現実の入場者数以上の数値にしている。

香港ディズニーに入場者数「かさ増し」報道

　2011年と2019年の最大の差異は中国勢の増加である。しかし中国勢は本当の入場者数を公表しているのか分からない。2006年に香港ディズニーが経営不振の際、香港ディズニーは入場者数を実際より多く発表している、と香港メディアが報じたことがある。

　2006年に香港ディズニーが開業1年間で入場者数560万人という目標が達成困難と発表した時、地元メディアの多くが、香港ディズニーは入場者数をかさ増ししていると批判した。2006年に夏季限定で発売したフリーパスの効果が大きく、目標達成は逃したものの、その差はわずかだったと発表した。しかしそれを額面通り受け取る地元メディアは皆無で、同月5

日付の香港紙は「一斉に数字が実態以上に膨らんでいる可能性」を指摘した。サウスチャイナ・モーニング・ポストは「約27万人が訪れたとされる開業前のリハーサル期間を含んでいるのか明らかにしなかった」と数字の信頼性を指摘した。東方日報は、香港ディズニーが6月から非公式に従業員の知り合いを3人まで無料で入場させている事実などを紹介し、度重なる優遇策にもかかわらず、効果はなかったと批判的に報じた。地元メディアから具体的な数字を明かさない香港ディズニーの姿勢に不満が出た。サウスチャイナ紙は独自の入口調査を実施して入場者が目標に届きそうにないと報じた[10]。

5.まとめ

　本章では、世界のテーマパーク産業の現状と特性を考察し、次の点を明らかにした。

　第1に、世界の主要テーマパークの20施設中、10施設がアメリカ本土に立地し、うちフロリダ州に6施設、カリフォルニア州に3施設が集中している。両州が世界のテーマパークの先進エリアで、産業集積である。続いて日本に4施設あるため、日本が世界2位でアジア地域のテーマパークの先進エリアといえる。

　第2に、2011年と2019年を比較すると、全体的に入場者数が大きく増加した。特に中国勢が大きく台頭した。ただし中国勢が本当の数字を公表しているのか不明である。香港ディズニーは公表された入場者数に偽りがあるのではないかと香港メディアが報じた。他の中国勢にこの傾向があるのか、正確な入場者数を公表しているのかは不明である。他の国でも、虚位の数字を発表しているテーマパークを排除できない。

　次作「アメリカ編」「ヨーロッパ編」では新型コロナ流行後の2022年のデータと比較する。

---

[10] 2006/09/08 日経産業新聞 4 頁「香港ディズニー、「1 年で 560 万人」の目標困難…、集客数にかさあげ疑惑。」

第 I 部　ディズニーランド

　中国では香港と上海にディズニーランドがある。日本では 1983 年に東京ディズニーランド（TDL）が開業して大成功し、テーマパークという事業が注目された。しかし甘い計画で開業し、すぐに失速して経営難に陥るケースが多発した。日本では計画のみで、着工に至らないケースも多かった。着工しなくて正解だった夢のような計画が多かった。中国では急速にテーマパークが計画されている。この動きは日本のテーマパークブーム期に似ており、すでにテーマパークの閉鎖が始まっている。

米ディズニー社の概要

　ウォルト・ディズニー・カンパニー（The Walt Disney Company、以降ディズニー社）は子会社を含む世界的メディア・コングロマリット企業である。主として 2 部門、①ディズニーメディア・エンターテイメント配給(Disney Media and Entertainment Distribution: DMED)、②ディズニーパーク・エクスペリエンス・キャラクターグッズ(Disney Parks, Experiences Products: DPEP)なら成る[11]。

　ディズニー社は 1923 年設立、1928 年にミッキーマウスの映画がヒット、1937 年に長編アニメ「白雪姫」がヒットした。1955 年にカリフォルニア州アナハイムにディズニーランド、1971 年にフロリダ州オーランドにディズニーワールドをオープンした。1983 年に東京ディズニーランド、1992 年にユーロディズニーランド（現ディズニーランド・パリ）、2001 年に東京ディズニーシー、2005 年に香港ディズニーランド、2016 年に上海ディズニーランドがオープンした[12]。米ディズニー社は、TDL が大成功したのでディズニーランドの国際展開の可能性と収益性を確信した。ディズニー社はオリエンタルランドとライセンス契約のため、TDL の運営権を持たないという重大な失敗を犯した（売上に対する著作権使用料のみ）。そこで米ディズニー社は今後すべて直営でディズニーランドを国際展開し、利益を確保すると心に誓った（Eisner, 1999）。ところが、仏ユーロディズニーを開業し、予想外の不振に陥った。そのため成長著しいアジアに進出し、米国内とユーロディズニーの不振を払拭し、巻き返しを図ろうとした。しかし香港でも予想外の苦戦を強いられることとなった。

---

[11] The Walt Disney Company, 'Fiscal Year 2021 Annual Report', 2023 年 1 月 13 日アクセス
https://thewaltdisneycompany.com/app/uploads/2022/01/2021-Annual-Report.pdf
[12] The Walt Disney Company, 'HISTORY OF DISNEY, 2023 年 1 月 13 日アクセス
https://thewaltdisneycompany.com/about/#leadership

第1章 香港ディズニーランド・リゾート

1.はじめに

　本章では、香港ディズニーランドの計画から現在までの経緯を考察する。前著 (2014)『ディズニーランドの国際展開戦略』の第5章「香港國際主題楽園有限公司と香港ディズニーランド・リゾート」に2014年以降の情報を追加する。

2.香港ディズニーランド・リゾートの概要

　香港ディズニーランド・リゾート（以降、香港ディズニー）は香港國際主題樂園有限公司（Hongkong International Theme Parks Limited : HKITP）という香港政府と米ディズニー社の合弁企業に所有されている。香港國際主題樂園有限公司への総投資額は140億香港ドル以上である。香港政府が株式の57%を、米ディズニー社が43%を所有している[13]。

　香港ディズニーの董事局には11名の取締役がいる。香港政府から5名、米ディズニー社から4名、社外取締役2名である。会長職は毎年香港政府出身者と米ディズニー社出身者で交替する。主席（会長）は香港特別行政区政府財政司長の陳茂波氏である。艾書琳氏が総裁兼董事総経理、馮英偉氏が独立非執行董事、霍安迪氏が国際開発と財務の上級副社長、許正宇氏が香港特別行政区政府金融事務と庫務局局長、甯漢豪氏が香港特別行政区政府発展局局長、David ONTKO 氏がウォルト・ディズニー国際パーク＆リゾート首席顧問、Mahesh SAMAT 氏がウォルト・ディズニー・アジア環太平洋の上級副社長、沈鳳君氏が香港特別行政区政府旅遊事務専員、楊美珍氏が独立社外取締役、楊潤雄氏が香港特別行政区政府文化体育及旅遊局局長である[14]。

　管理部門（領導團隊）は、Michael MORIARTY 氏が行政総裁（Managing Director）、Tim SYPKO 氏が運営高級副総裁、陳慧娟氏が人的資源副総裁、Lesz BANHAM 氏が首席財務総監、黎珮珊氏が公共事務副総監、薛玉卿氏がマーケティング副総裁、張述氏が販売副総裁、陳殷俊氏がデジタル科学技術とデータ副総裁、Alex CLIFTON 氏がエンターテイメントと衣装執行総監、鄧頌磐氏が首席法律顧問補佐と法律部門主管である[15]。

---

[13] 香港國際主題樂園有限公司「Corporate Information」2022年12月17日アクセス
https://hkcorporate.hongkongdisneyland.com/about/our-company/corp-info.html
[14] 香港國際主題樂園有限公司「Board of Directors」2022年12月16日アクセス
https://hkcorporate.hongkongdisneyland.com/zh-hk/about/directors.html
[15] 香港國際主題樂園有限公司「Management Team」2022年12月17日アクセス
https://hkcorporate.hongkongdisneyland.com/zh-hk/about/leadership.html

3.香港ディズニーランドの歴史

香港経済活性化の起爆剤

　1999年11月、香港ディズニーができるため日本の観光産業に大きな影響を与えると報道された。特にアジアからの観光客への依存度が高い九州のテーマパークに競合への不安が広がった。一方、旅行業界には不振の香港旅行の活性化につながると期待された[16]。

　香港政府の董建華行政長官は、香港ディズニーの経済効果は40年間で1480億香港ドル（約2兆円）と予測し、「国際観光都市・香港にとって新しい時代が始まる」と述べた。1997年の中国本土復帰後、香港では観光客減少が続き、経済全体も振るわないため、香港ディズニーは期待されていた。開園直後は年間520万人、15年後には同1000万人の入場者を目指す[17]。

ディズニーランドを国際展開する戦略

　米ディズニー社は1999年にテーマパークを世界的に展開する戦略を明確にした。**テーマパーク事業は投資負担が小さい**上に、減益が続く米ディズニー社にとって収益の柱になっていた。米ディズニー社の本業のビデオやキャラクターグッズは不振が続いていたため、収益力が改善するには時間がかかると見られた。この頃、東京ディズニーシー（TDS）が建設中で、1999年9月に仏パリの第2パーク計画を発表し、2002年春の開業を予定していた。米カリフォルニア州アナハイムのディズニーランドの隣に第2パーク「カリフォルニア・アドベンチャー」をつくり、香港ディズニーと合わせ、テーマパーク数が7から11に増える。香港ディズニーの総工費30億ドルのうち、米ディズニー社の負担は3億ドル強である。仏ディズニーランド・パリの第2パークでは建設費6.4億ドルのうち米ディズニー社が出資したのはユーロディズニーを運営するユーロディズニーS.C.A.（株式合資会社）の増資分の一部の1億ドル弱だった。香港での共同持株会社への米ディズニー社の出資比率は当初の49%から43%まで下げることで決着した。テーマパーク事業は米ディズニー社の数少ない収益部門で、1999年9月期の部門別営業利益は12%増で、映画事業85%減、キャラクターグッズ事業38%減と比べて際立って良かった。米国ではミッキーマウス離れが指摘されていた。テ

---

[16] 1999/11/03 日本経済新聞　朝刊15頁「香港、ディズニー誘致——九州のテーマパーク、競合への不安広がる、旅行業界は期待。」

[17] 1999/11/03 日本経済新聞　朝刊15頁「香港、ディズニー誘致で「2兆円効果」試算——観光不振打開狙う。」

ーマパークのキャラクターやコンセプトはコンテンツ部門に頼るため、テーマパークが好調でも強力なコンテンツが出てこないと米ディズニー社本体の再生は難しいと言われていた[18]。

香港の経済成長率を 0.4%上げる見込み

1999 年 12 月になると、香港ディズニーの 2005 年開業に向けて市場が動いていた。香港株式市場でディズニー関連銘柄が上昇し、大型の公共事業が増え、香港経済にプラスの効果をもたらしていた。香港政府は、ディズニーランド建設は香港経済の成長率を年率 0.4%押し上げる効果を生むと予測した。成功の決め手は中国本土からの観光客拡大にある。香港政府が米ディズニー社に大幅に譲歩して誘致したプロジェクトだけに、様々な点で米ディズニー社に押し切られたと言われていた。同年 11 月下旬、董建華・香港行政長官は急遽北京を訪問し、中国政府の指導者たちと協議した。香港の関係者によると、主な目的は中国本土の人の香港への旅客規制の緩和を打診することであった。中央政府は香港に中国人観光客が殺到するのを恐れ、観光客を一日 1500 人に制限していた。この規制が中国人観光客を当て込む香港ディズニーの制約になる。米ディズニー社もこの点を誘致交渉の時から懸念していた。中国人観光客の制約解除を香港政府に打診した。2020 年には香港ディズニーへの入場者数が毎年 1000 万人に達すると想定していた。そのうち 500 万人前後は中国本土客との見方が強く、採算ラインを越えるために中国本土客の確保は緊急命題であった。董長官と会談した中国の銭副首相（当時）は記者団に「香港政府が望めば、香港への中国本土客は増える」と述べ、香港の関係者を安心させた。上海もディズニーランドを誘致しており、上海の関係者が多い中央政府は香港ディズニー誘致に熱心ではないとの風評も立っていた。しかし門戸を開けても、肝心の中国本土客が香港ディズニーに殺到するか懸念があった。中国ではすでに上海や深圳など各地にテーマパークが乱立し、経営不振が目立っていた。上海郊外に米国スタイルの国際テーマパークが完成していたが、人気はいま一つであった。香港政府を悩ませていたのが料金設定であった。香港政府と米ディズニー社が料金を協議して、入場料約 300 香港ドルに落ち着くと見られていた。香港の一般的な昼食代が 100 香港ドル前後と考えると高額である。香港政府は誘致に際し、経済主権を喪失したと批判されるほど米ディズニー社に大幅譲歩し、総投資額の約 9 割（224.5 億香港ドル）を香港政府が負担することとなった。米ディズニー社の負担は約 1 割であった。料金設定は香港ディズニーの経営基盤となるため、

---

[18] 1999/11/08 日本経済新聞　朝刊 11 頁「香港進出のディズニー、テーマパーク強化鮮明に――ビデオなど不振続く。」

安くしにくい。香港政府は早ければ開園後5年で収支均衡を目指す。テーマパーク統括事業会社、ウォルト・ディズニー・アトラクションズのジャドソン・グリーン会長は、「当面香港建設に集中する」「中国本土には巨大な潜在市場があり、将来的にはテーマパーク建設の可能性がある」と述べた。米国でミッキーマウス離れが進む中、中国進出は米ディズニー社の悲願であった[19]。

銀行による協調融資団結成

　2000年10月、富士銀行はチェース・マンハッタン銀行やBNPパリバ銀行、中国銀行など外国銀行6行とともに香港ディズニーの協調融資の主幹事になり、融資団を作った。融資総額は33億香港ドル（約460億円）で、日本以外のアジア地域で最大規模の娯楽施設となる見込みであった[20]。

経済効果2.2兆円見込み

　2003年9月、香港ディズニーは2005〜2006年に開業すると発表された。初年度入場者数560万人と予測していたが、中国本土から香港への個人旅行が一部解禁されたため上方修正し、投資を拡大する計画になった。香港政府は香港ディズニーの経済効果を1480億香港ドル（約2.2兆円）と見込んだ[21]。

日本人客95%のTDLとは競合しない見込み

　香港ディズニーは2005年9月12日に開業すると決まった。入場料金を世界のディズニーランドで最安値にし、中国や東南アジアからの集客を目指す。ウォルト・ディズニー・パークス・アンド・リゾーツ（アジア太平洋）の趙永濤副主席は「アジアの旅行客にとって香港ディズニーランドは一生忘れられない思い出となるでしょう」と記者会見で述べた。初年度入場者数560万人を見込む。香港、中国、東南アジアからの入場者がそれぞれ3分の1となる目標である。例えば、アトラクション利用料を含む入場料は繁忙期を除く平日で大人295香港ドル（約4100円）、子供210香港ドル（約2900円）で、TDLの大人5500円（当時）

---

[19] 1999/12/12 日本経済新聞　朝刊47頁「香港ディズニーの胸算用、収支均衡のカギ、中国頼みの面も、香港側の負担（深断層）」
[20] 2000/10/06 日本経済新聞　朝刊7頁「香港ディズニー向け協調融資、富士銀が主幹事。」
[21] 2003/09/22 日本経済新聞　朝刊11頁「香港、ディズニーランド2005−2006年に（ビジネスフラッシュ）」

に比べ割安にした。それを可能にしたのが香港政府の支援であった。香港政府が同プロジェクトにインフラ整備などで224.5億香港ドルを拠出し、米ディズニー社の資金負担を軽くした。香港返還ブーム後、振るわない香港のイメージを高めるためにも、集客の核となる観光施設が欲しい。グループ・マネジング・ディレクターのドン・ロビンソン氏は、香港ディズニーは日本人客95%のTDLと競合しないと予測した。しかしアジアの観光客が東京から香港に流れるのは必至で、TDLは入場者数が頭打ちのため脅威になると予想された[22]。

中国三都市での意識調査

2005年9月、市場調査のエーシーニールセン・コーポレーション（本社、港区）は開業を控えた香港ディズニーの認知度など中国での意識調査の結果を公表した。香港ディズニーの開園を知っていると答えた人は全体の74%、来園を希望する人は30%にとどまった。北京、上海、広州の三都市で1500人を対象に電話で調査を実施して、世帯収入と比例し開園の認知度が高くなる傾向が明らかになった。収入が月間2500元（約3万3800円）以下の世帯は開園の認知度が55%であるのに対し、5000元（約6万7600円）以上の世帯は88%で33ポイント高かった。来園したいと回答した人の割合でも高所得者層ほど多いという傾向が見られた[23]。

別の調査でも、半数以上が2005年の香港ディズニー開園を認識していた。都市別では広州が88%、上海が74%、北京が67%と、香港に一番近い広州での認知度が高い。開園2ヶ月以内の来園希望者は、広州が2割と、上海の14%、北京の13%を上回った。年齢別では、15−24歳は85%以上、25−34歳は80%以上が開園を知っていると回答し、45−54歳の54%を大きく上回った。若い世代を中心に人気といえる。また世帯収入に比例して香港ディズニーの認知度が高い。世帯収入5000元（約6万7500円）以上の回答者の9割が開園を認知し、4割以上が来園すると答えた。それに対し、2500元未満では開園の認知は約6割、来園希望も2割にとどまった。香港は買い物の中心地として中国本土からの観光客が多い。来園時期は大型連休となる10月の国慶節か春節とする回答が大半だった。日米のディズニーランドより低価格だが、まずは富裕層が来場すると見られた[24]。

---

[22] 2005/01/04 日経産業新聞2頁「香港ディズニーランド9月開業、TDLに影響も——アジア観光客シフト必至。」
[23] 2005/09/09 日経MJ（流通新聞）9頁「香港ディズニー、高所得者ほど関心——ACニールセン、中国3都市調査。」
[24] 2005/09/12 日経産業新聞5頁「香港ディズニーランドきょう開園——北京・上海・広州の在住者、富裕層ほど関心高く。」

香港ディズニー開業

　2005年9月13日、香港ディズニー開業初日、香港内外から約1.6万人が入場した。中国の曽慶紅国家副主席らが出席した開業記念式典に続き、一般客が入場した。広州からツアー客1800人が日帰りで来場し、これを企画した旅行会社は単独ツアーで世界最大とギネスブックに申請した。日本からの観光客も多かった。香港住民約3万人を招待した4日のリハーサルで長蛇の列ができた。施設拡張を急ぐ一方、政府内では入場者を1日2.5万人程度に抑える議論も浮上していた[25]。

　当時の中国には小規模な遊園地はあったが、欧米資本の大規模テーマパークは初めてとなった。開業初日は約1.6万人、その後も連日1万人を超える人出が続いた。国慶節で同月1〜7日までの大型連休に入った。香港旅行社協会は連休期間の中国本土客を約65万人と予想し、うち約30万人が香港ディズニーを訪れるとみられた。中国の旅行会社も各種ツアーを用意し、香港と隣接する広東省の旅行会社は、日帰り499元（約6700円）のツアーを売り出した。中国初のディズニーランドにとって悩ましいのは文化の違いで、中国人が怒りを向けるのが平日より高い休日などの料金設定でであった。1日券は大人350香港ドル（約5200円）と平日より約19%高い。土日祝日や繁忙期の別料金は開業前から告知済みだが、物価統制のシステムが残る中国の人にとって「繁忙期を理由に値段が高いのは理解できない」「国慶節に料金を高くするのは中国人への嫌がらせか」と不評だった。利用客のマナーも批判された。上半身裸で歩き回る男性、ベンチで横になって眠る中年女性、ところ構わずたばこを吸う人など、中国人は「お金を払っているのだから当然」と悪びれなかった。香港ディズニーは表だって規制に乗り出しておらず、広報担当者は園内の立て札でマナー向上を訴える一方、煙草の吸い殻などはこまめに掃除したいと控えめな対応をした。ここで中国人の感情を害せば、上海ディズニー構想など将来の中国本土事業に響くと懸念していると見られた。米ディズニー社のトップマネジメントは開業式典で「50年前のアメリカのディズニーランド開園で、香港での開園を誰が予想しただろう」と顔を紅潮させた[26]。

　1955年7月17日にウォルト・ディズニーは米カリフォルニア州アナハイムに世界初のディズニーランドを開業した。その時のウォルトは、28年後の1983年に東京、50年後の2005年に香港にディズニーランドが開業するとは思わなかったはずである。そう考えると、ウォルトファンの筆者にとっても感無量である。

---

[25] 2005/09/13 日経産業新聞 2頁「香港ディズニーランド開業、初日は1万6000人。」
[26] 2005/10/02 日本経済新聞　朝刊 38頁「香港ディズニー出足は好調……悩みは文化の違い（世界いまを刻む）」

拡張工事計画

　2005年9月、香港ディズニーは2006年夏に第一期拡張工事を終了すると発表した。手狭との批判に対し、同社のテーマパーク設計・企画責任者カーツ・サンダース氏が日本経済新聞の記者に「2006年夏にまでに第一期拡張を終わらせる」「その時点でテーマパークの面積は1ヘクタール（ha）増え、2つのアトラクションが追加される」と述べ、追加投資額について言及を避けた。合計1000室を備える2ホテルについて、第二期の拡張工事に合わせて5年内に1700室に引き上げる見通しを示したが、拡張工事をいつ始めるかは入場者次第で建設内容も決まってない。収容能力が不安視され、政府内で入場制限が議論されていることについて、「引き続き政府と話し合っている」とコメントした[27]。

開業1ヶ月で低迷開始

　開業1ヶ月後の2005年10月から香港ディズニーの低迷が始まった。国慶節の大型連休期間中に香港を訪れた中国本土の人は約46万人で、旅行業界の予想の約65万人を大きく下回ったことが香港の入境事務所の調べで分かった。香港ディズニー開業後初の大型連休だったが、いまいちだった。集計対象は10－11日に中国本土から香港を訪れた人で、香港旅行社協会は連休入り前の時点で、期間の本土からの観光客を約65万人と予想し、うち約30万人が香港ディズニーを訪れる予測していた。2004年実績の約43万人を上回ったが、香港ディズニーによる集客効果は期待したほど大きくなかった。香港ディズニーは連休期間中の入場者数を公表していない[28]。

香港住民限定で値下げ

　香港ディズニーが香港住民を対象に2005年10月8日から1ヶ月間の入場料の値下げに踏み切った。閑散期の集客増を狙ったとはいえ、香港住民に限定した値下げ戦略に中国本土客から不満が出た。大人、子供とも50香港ドル（約750円）引き下げるため、大人料金は平日245香港ドル、土日祝日300香港ドルとなる。香港住民であることを示す政府発行の身分証明書が必要である。期間は12月8日まででクリスマスシーズンまでの閑散期の集客増を目指した。香港住民の間で入場料が割高と不評で、老舗のテーマパークが生き残りをかけ

---

[27] 2005/09/28 日経産業新聞4頁「香港ディズニーランド第一期、来夏に拡張工事終了——企画責任者、時期明確化。」
[28] 2005/10/13 日経産業新聞4頁「中国で大型連休——香港旅行46万人、予想大幅下回る。」

て値下げ路線を強めていることもあり、値下げにつながったようだ。しかし香港住民に限っての値下げは中国本土客から不公平との不満が出た[29]。

入場者の伸び悩みが地元メディアに報道される

2005年11月、香港ディズニーの入場者が伸び悩んでいるとの観測が強まっていた。香港住民を対象に入場料を値下げしたが、香港紙の独自調査によると成果は上がっていなかった。21日付の香港紙、サウスチャイナ・モーニング・ポストは香港ディズニーの入場者に関する調査結果を公表した。同月13日と16日に香港ディズニー入口に調査員を派遣して一日の入場者を調べたところ、日曜日の13日の入場者は1万2972人、平日の16日は1万1399人だった。初年度に560万人の集客を目指しているため、一日当たり1万5000人強を動員しなければならないが、同紙の調査ではそれを下回った。同紙が香港ディズニー関係者の話として伝えたところによると、開業以来の入場者は土日祝日が2万人程度、平日が1万人程度である。香港ディズニーは入場者を公表しておらず、地元で入場者が伸びていないとの観測につながった[30]。

香港でディズニー入場者数100万人突破

香港ディズニーは2005年11月23日までの入場者数が100万人を超えたと発表した。香港ディズニーが開業日以外に入場者数を公表するのは初めてで、集計には開園前のリハーサル期間を含んでおり、開園後の数字の公表は避けた。1日当たり1万人以上が訪れた計算で、香港ディズニーは長期目標に沿ったものとコメントした[31]。

東京ディズニーは香港ディズニー開業の影響なし

TDRを運営するオリエンタルランドの福島祥郎社長は、香港ディズニーがTDRに与える影響について、「影響ない。TDRの入園者に占める外国人比率は約3%にとどまる。台湾を中心にアジア地域の顧客をTDRに呼び込もうと攻勢をかけている。香港とは共存共栄したい。香港が軌道に乗って、ディズニーのブランド力がより高まればいいと思う」と述べた[32]。

[29] 2005/11/09 日経産業新聞 4頁「香港ディズニーランド、値下げで集客、対象地元のみ——中国本土の客、不満たらたら。」
[30] 2005/11/22 日経産業新聞 4頁「香港ディズニーランド、値下げ後も伸び悩み?——地元紙調査、1日平均1万人強。」
[31] 2005/11/25 日本経済新聞 夕刊3頁「香港ディズニー入場100万人（ビジネスフラッシュ）」
[32] 2005/11/27 日本経済新聞 朝刊7頁「ディズニー神話に陰り?——オリエンタルランド社長福島

入場券完売は1日だけ

　2005年12月13日に香港ディズニーの入場券が開業以降初めて売り切れた。香港ディズニーは数字を公表しないが、その日混雑回避のため入場者数を制限した。突然この日だけ盛況となったのは、世界貿易機関（WTO：World Trade Organization）閣僚会議開幕が影響したらしい。その日はWTO閣僚会議の開幕日で、WTOに反対する非政府組織（NGO：Non-Governmental Organization）による抗議デモがあった。不測の事態に備えて会場周辺を中心に香港全体の小中学校、幼稚園の半数が休校、一部の商店や会社も休業した。香港ディズニーとWTO会議の会場は離れており、比較的安全とみた生徒らが押し寄せた。香港紙、明報によれば、13日の入場者は2万人程度だった[33]。

トップマネジメント交代

　香港ディズニーの不振が有名になった2006年1月、経営責任者のドン・ロビンソン氏が辞任した。後任にテーマパーク運営部門の責任者であるビル・アーネスト氏が就任した。ロビンソン氏は米ディズニー社出身で、2001年に香港ディズニーの経営責任者に就任し、開業に向けて陣頭指揮をしてきた。ロビンソン氏は退任後、ディズニーグループを離れ、カリブ海のバハマでリゾート事業に携わる。香港ディズニーは、辞任は個人の希望によるものと説明した[34]。

入場制限と繁忙期料金を巡り客が混乱

　2006年2月、春節休暇中の香港ディズニーへの客足は好調だった。2月3日まで5日連続で入場券を完売し、多くの中国本土客が訪れた。しかし入場制限を巡ってトラブルが起き、経営責任者が陳謝するなど、経営への風当たりは強まった。1月28日からの春節休暇では中国本土客が大挙して来場した。入場券が完売する日が続出し、2月1日以降は連日で入場制限を実施した。入場を拒否される人も出たが、遠方から来場した中国本土客の一部は入場を求めてスタッフに食い下がり、入場門付近で小競り合いを繰り返すなど、混乱が目立った。香港ディズニーにも落ち度はあったという。春節休暇を繁忙期として特別料金を設定、期間は香港の春節休暇の1月31日までの4日間としたが、中国本土の春節休暇は2月5日まで

祥郎氏（そこが知りたい）」

[33] 2005/12/16日経産業新聞4頁「香港ディズニー、13日、初の入場券売り切れ──WTO会議が影響。」

[34] 2006/01/11日本経済新聞　朝刊9頁「香港DLの経営責任者辞任（ダイジェスト）」

で、香港の春節休暇が明け通常料金に戻る1日以降に中国本土客が多数押し寄せたため、混乱につながった。香港ディズニーのアーネスト氏は記者会見し、中国本土の慣習を学んでいる最中と、非を認めた[35]。

香港住民のみ値下げ

2006年3月、香港ディズニーは6月28日までの3ヶ月間、香港住民を対象に入場料を半額に踏み切った。香港ディズニーに対する香港住民の人気は中国本土客に比べるといまひとつなので、地元客を誘客するためである。大人の入場料は平日295香港ドル（約4600円）、土日祝日350香港ドルで、従来は1日しか入場できないが、香港住民に限って2日間まで入場可能にする。イースター（復活祭）休暇などの繁忙期を除き、平日券、土日祝日券ともに入場日は自由に選べる。香港住民であることを示す政府発行の身分証明書が必要である[36]。

人気低迷がメディアで報道過熱

2006年5月、香港ディズニーが低迷しているとの観測が一段と強まっていた。香港紙、サウスチャイナ・モーニング・ポストによると、5月の労働節（メーデー）に伴う大型連休の入場者数は一日7000人前後にとどまった。同紙が香港ディズニー関係者の話として報じたところによると、入場者数は同月1日からの7日間の連休で初日に7000人を下回り、残りの日も7000人を若干上回る程度だった。2月の春節休暇以降、1日1万人に届かない。6月下旬まで香港住民の入場料を実質半額にする期間限定サービスを実施中だが、成果は上がっていないと見られた[37]。

2006年6月、アーネスト氏は地元ラジオ局のインタビューに応じ、入場者が計画を下回っていることを認めた。香港公共ラジオによると、同氏はインタビューで入場者は予定をわずかながら下回っていると述べた。開業後1年間で入場者数560万人という目標を下方修正することを否定し、「繁忙期である夏が重要」「アトラクション新設などを急ぐ」「大型アトラクション建設には時間がかかるので、新設は当面小規模なものになる」と述べた[38]。

---

[35] 2006/02/09 日経産業新聞4頁「春節期間、香港ディズニーに本土客が大挙――入場制限にトラブル続出。」
[36] 2006/03/28 日経産業新聞4頁「香港ディズニーランド、市民は実質半額、1日分で2日間入場可。」
[37] 2006/05/29 日経産業新聞4頁「香港ディズニー苦戦?、市民の人気いまいち。」
[38] 2006/06/19 日経産業新聞4頁「香港ディズニーの責任者、客足低調を認める――動員目標の修正は否定。」

夏季限定の年パス発売

　香港ディズニーは 2006 年に夏季限定で一定料金を支払えば何日でも入場できる新入場券を発売した。対象期間は 7 月 1 日から 9 月 28 日までで、大人 450 香港ドル（約 6900 円）、子供 320 香港ドルである。期間中は 9 月 12 日を除いていつでも入場可能である。仮に大人が 89 日間すべて入場した場合、1 日当たりの入場料は約 5 香港ドル（約 77 円）になる[39]。

不振と入場者数の偽装報道

　2006 年 9 月、香港ディズニーは開業後一周年で 560 万人を集客するとの目標を達成困難と発表した。地元メディアの多くが入場者数をかさ増ししていると指摘した。アーネスト氏は「夏季シーズンが到来したことで目標に近付きつつある。夏だけで 100 万人が訪れた」と述べた。2006 年 7 月からおよそ 3 ヶ月の夏季限定で発売したフリーパスの効果が大きく、目標達成は逃したものの、その差はわずかと述べた。しかしそれを額面通り受け取る地元メディアは皆無で、同月 5 日付の香港紙は一斉に数字が実態以上に膨らんでいる可能性を指摘した。サウスチャイナ・モーニング・ポストは「約 27 万人が訪れたとされる開業前のリハーサル期間を含んでいるのかどうか明らかにしなかった」と数字の信憑性に疑問を投げ掛けた。東方日報は、香港ディズニーが 6 月から非公式に従業員の知り合いを 3 人まで無料で入場させている事実などを紹介し、度重なる優遇策にもかかわらず、効果はなかったと批判的に報じた。地元メディアから具体的な数字を明かさない姿勢に不満が出ていた。香港ディズニーが入場者数を開示したのは開業日と 2005 年 11 月の 100 万人突破時、今回の 3 回だけで、それも大雑把な内容であった。サウスチャイナ紙は独自の入口調査を実施して入場者が目標に届きそうにないと報じた。香港立法会（議会）からも批判が出た。香港ディズニーは香港政府が株式の 57％を所有する公共事業である。香港民主党の李華明立法会議員は「入場者のかなりの部分は無料で入場した人が占める」と正確な情報開示を求めた。上海などとの競争の末に誘致した香港政府は香港ディズニーに強く言える立場にない。同社が資金繰りに行き詰まるなどの懸念はなかったが、香港政府がインフラ整備などで 224.5 億香港ドル（約 3400 億円）を投じた。アーネスト氏は香港ディズニーの経営陣に香港の航空大手、キャセイパシフィック航空 CEO の陳南禄氏ら 2 人を社外取締役に迎え入れる計画を公表し、説明責任を向上させるとした。なお、香港ディズニーは次のような入場料割引策を実施してきた。2005 年 11 月 8 日−12 月 8 日に香港住民を対象に入場料を一律 50 香港ドル値引きし、2006 年 3

---

[39] 2006/06/28 日経産業新聞 4 頁「香港ディズニーランド、夏季限定フリーパス、集客テコ入れ。」

月 27 日－6 月 28 日に 6 ヶ月以内なら好きな日に入場できるとした。5 月 13 日－9 月 30 日に施設内ホテルの宿泊客にも同上の措置を拡大、5 月 15 日－6 月 11 日、旅行業界関係者とタクシードライバーの入場を 1 人無料、同伴者 3 人まで半額、6 月 1 日から香港ディズニー関係者の家族や友人の入場を 3 人まで無料にした。6 月 12 日－7 月 11 日に航空業界関係者の入場を 1 人無料、同伴者 3 人まで半額、7 月 1 日－9 月 28 日に夏季限定のフリーパスを発売した。8 月 28 日－9 月 28 日にタクシードライバーとホテル業界関係者の入場を 1 人無料、同伴者 3 人まで半額とした[40]。

夏季限定フリーパス、年パス導入

2006 年 9 月、アーネスト氏は開業一周年の記者会見で「1 年で入場者は 500 万人を超えており、近い将来さらに増えるだろう。夏季限定のフリーパス導入などで夏季の入場者数が好調だった」「広東省や上海、北京の旅行業界関係者や関係当局を訪問し、香港ディズニーの広報活動を積極化する」と述べた。ただし過去 1 年の入場者数実績について詳しい数字は明かさなかった[41]。

香港ディズニーは 2006 年 10 月 1 日からの国慶節の連休に合わせて、一定料金を払えば一年間何日でも入場できる年パスを発売した。「平日限定」「平日及び土日祝日」「春節期間など繁忙期も含む全期間」の 3 種類で、大人料金は 650 香港ドル（約 1 万 100 円）、1300 香港ドル、1800 香港ドルである。平日限定は通常の一日券が 295 香港ドルなので 2 回でほぼ元を取れる。繁忙期の混雑を避けるため 1800 香港ドルの券は販売枚数を制限する。しかし香港住民をひき付けるために重要な施設拡張が追い付いていなかった[42]。

米ディズニー社、パイレーツ・オブ・カリビアン大ヒットで増収増益

米ディズニー社の 2006 年 10－12 月期決算は、売上高が前年同期比 9.8%増の 97 億 2500 万ドル、純利益は同 2.3 倍の 17 億 100 万ドルとなった。テレビ、映画、テーマパークの主要三部門のうち特に好調だったのは映画部門で、営業利益は前年同期比 4.7 倍の 6 億 400 万ドルとなった。「カーズ」と「パイレーツ・オブ・カリビアン／デッドマンズ・チェスト」

---

[40] 2006/09/08 日経産業新聞 4 頁「香港ディズニー、「1 年で 560 万人」の目標困難…、集客数にかさあげ疑惑。」
[41] 2006/09/13 日経産業新聞 4 頁「香港ディズニー経営責任者、「2 年目の集客に自信」、年間フリーパス発売。」
[42] 2006/10/03 日経産業新聞 4 頁「香港ディズニー、年間フリーパス――集客をテコ入れ。」

の DVD 販売が好調だった。テーマパーク部門は香港ディズニーの入場者減などが響き、営業利益は 8%増の 4 億 500 万ドルとなった[43]。

開業 2 年目以降も低迷

　2007 年 9 月に開業 2 周年を迎えた。香港ディズニーは数字を発表しないが、2 年目も集客に苦戦し、入場者数は初年度を大幅に下回ったとみられた。中国本土客の誘致も振るわず、香港観光の核として機能していなかった。香港各紙は 2 年目の入場者数は 400 万人程度と推計した。1 年目の 520 万人を大きく下回る。小規模であることと、魅力あるアトラクションに乏しいことが原因で、混んでいないので快適と皮肉であった[44]。

　2008 年 4 月、香港ディズニーは開業 4 年目に新アトラクション「イッツ・ア・スモールワールド」を増設した。2007 年度（2007 年 10 月－2008 年 9 月）の入場者数は前年度比 8%増加した。2009 年 2 月に上海ディズニーランド建設が決まった。香港ディズニーの入場者の約 3 割は中国本土からなので、香港・上海のディズニーランド間で過当競争が予想される[45]。

430 億円の追加投資

　2009 年 7 月、香港政府は香港ディズニーの拡張で米ディズニー社と合意した。米ディズニー社が 35 億香港ドル（約 430 億円）を追加出資し、遊戯エリアを 4 ヶ所から 7 ヶ所に増やし、拡張は 5 年以内に完了する見通しで、開業から続く不振に歯止めをかけたい[46]。

最終赤字 76 億円、追加投資 400 億円

　香港ディズニーは業績低迷が続き、2010 年度決算は 7.2 億香港ドル（約 76 億円）の最終赤字を計上した。入場者数は 523 万人と 2009 年度比で 13%増えたが、利払いなどが収益を圧迫した。2009 年度も 13.2 億香港ドルの最終赤字となった[47]。

---

[43] 2007/02/08 日本経済新聞　夕刊 3 頁「米メディア・娯楽大手 10-12 月期、映画・DVD で稼ぐ――ディズニー44%増。」
[44] 2007/09/12 日本経済新聞　朝刊 9 頁「香港ディズニー 2 年目も苦戦、中国本土客の誘致振るわず（ダイジェスト）」
[45] 2009/02/18 日本経済新聞　朝刊 29 頁「香港特集――香港、新たな魅力演出、「香港海洋公園」奇跡の復活。」
[46] 2009/07/01 日本経済新聞　朝刊 8 頁「香港ディズニー拡張へ（ダイジェスト）」
[47] 2011/01/24 日本経済新聞　朝刊 6 頁「香港ディズニー業績低迷、前期赤字、利払い圧迫――上海開業で集客懸念。」

2011年4月、香港ディズニーは2014年に予定していた拡張工事の完成を2013年に前倒しする計画を発表した。3アトラクションに計36.3億香港ドル（約400億円）を投資して、上海ディズニーの開業前に魅力を高め、集客を有利に進めたい。拡張計画の中心はアニメ「トイストーリー」をテーマにしたアトラクションで2011年内の完成を見込む。他の2つはそれぞれ2012年と2013年に稼働予定である。中国本土からの来場者が中心のため、上海ディズニー開業でより苦しくなる。香港ディズニーの集客力は香港全体の観光誘致政策に影響するため香港議会でも取り上げられた[48]。

　2011年11月、香港ディズニー一開業以降、初めての拡張として新アトラクション「トイストーリーランド」がオープンした。トイストーリーランドはディズニーランド・パリにあるが、TDRにないのでアジア初となった。2012年にジェットコースター「グリズリー・ガルチ」、2013年に「ミスティック・ポイント」がオープンする。全部完成すると、面積は初期の1.26㎢から23%広がる。香港ディズニーの金民豪CEO兼社長は上海ディズニーとの競合について、「入場者の44%は中国本土客で、うち3分の1は広東省からなので、中国本土客の一定数が上海に流れても、広東省や3割強を占める香港、2割強の東南アジアからの入場者を確保できる」とコメントした[49]。

香港のインフレと入場料値上げ

　香港ディズニーは2011年8月1日から入場料金を引き上げ、大人1日券（12−64歳）が399香港ドル（約4150円）、子供（3−11歳）が285香港ドル（約2960円）とそれぞれ14%高くなった。65歳以上の高齢者の入場料金は41%引き下げて100香港ドル（約1040円）とした。料金改定と併せ、8月から新たに2日券を導入する。1日券に100香港ドル上乗せすれば、7日間のうち2日間入場できる。入場者の大部分を占める大人と子供の値上げについて同社は、2005年の開業以来のインフレ率の累計は20%近くに達し、人民元をはじめ主要通貨に対し香港ドルは20%以上下落したと物価上昇に加え、米ドルに事実上連動する香港ドル安を理由に挙げた。高齢者だけ値下げするのは家族全員での来訪を促すためとした。2010年の入場者数は約520万人だった[50]。

---

[48] 2011/04/11 日経産業新聞 11頁「中国のディズニーランド、2つの極、集客競う――香港、拡張、13年に前倒し。」
[49] 2011/11/18 日経産業新聞 10頁「香港ディズニーランド、トイ・ストーリー・ランド開業、アジアで初、きょう。」
[50] 2011/07/13 日経産業新聞 11頁「香港ディズニーランド、入場料14%上げ、来月から、65歳以上は下げ。」

中国本土客増加と業績回復基調

　香港ディズニーの2011年度の来場者数は2010年度に比べ13%増の590万人と過去最高を更新した。ホテルの稼働率が9ポイント上昇して91%に達し、収入は20%増の36.3億香港ドル（約363億円）だった。この結果、最終損益の赤字幅は2億3700万香港ドルと、前年度の7億1800万香港ドルから大幅に縮小した。2011年度の来場者の内訳は、中国本土客が45%と2010年度からさらに3ポイント上がった。香港（33%から31%に）と海外（25%から24%に）の比率が落ち、中国本土客の収益への影響がさらに高まった。アトラクションなどへの先行投資が、減価償却費や借入金への利払いという形で残るため、大幅な増収ながら最終赤字が続く。EBITDA（利払い・税払い・減価償却前利益）は2010年度に黒字化しており、2011年度は5億600万香港ドルと前の年度の2.3倍に拡大した[51]。

開業7年で初の黒字13億円

　2013年2月、香港ディズニーの最終損益が開園後、初めて黒字に転じた。先行投資の負担が重く赤字経営が続いていたが、2012年度（2011年10月−2012年9月）は中国本土客を中心に入場者数が前年度比13%増の673万人と過去最高を更新した。香港ディズニーの2012年度の最終損益は1億900万香港ドル（約13.2億円）の黒字となった。前年度は2億3700万香港ドルの赤字であった。入場料収入や施設内での飲食、物品の購入が増え、ホテルの稼働率も92%と1ポイント上昇、売上高は42億7200万香港ドルと18%増えた。**大株主の香港政府**が債権の一部を株式に切り替え、利払い負担も減少した。収益改善に大きく寄与したのが、開業後初めての拡張事業となった2つの新アトラクションで、それらがオープンしてから中国本土や東南アジアなどからの入場者数が増えた[52]。

先行投資3000億円、目標1000万人に遠く及ばず

　香港ディズニーの2012年度の最終損益が初めて黒字に転換した。開園から7年で悲願の黒字となった原動力は中国本土客であった。この頃、中国でミッキーファンが急増していた。香港で中国本土客に対する規制論が高まっていた。金民豪CEOは黒字化に7年かかった理由として大きく3要因を挙げた。①先行投資額200−300億香港ドルの減価償却費などが重かった。②開業後に発生した2つの要因、2008年秋以降の金融危機と2009年の豚インフ

51　2012/01/17 日経産業新聞 11頁「香港ディズニー、赤字幅縮小、11年度、来場、最高の590万人。」
52　2013/02/19 日本経済新聞　夕刊3頁「香港ディズニー、初の黒字、12年度、開園から7年──本土から増加、来園数最高に。」

ルエンザが成長を遅らせた。③TDL の半分以下という世界一狭いディズニーランドで魅力あるアトラクションが少なかった。2012 年度の入場者数は過去最高の 673 万人で、うち 45%（約 303 万人）は中国本土客であった。初年度から来場者数は目標を下回り、当初掲げた2010 年前後に年間 1000 万人という目標には遠く及ばず、300 万人を超す中国本土客だけが誤差と呼べる。中国本土客を香港に呼ぶのは経済成長に伴う所得向上と、「自由行」という個人旅行の部分解禁であった。2003 年 7 月に香港経済に甚大な打撃を与えた重症急性呼吸器症候群（SARS）の影響から脱却する経済刺激策の一環として、中国政府は広東省 4 都市の都市戸籍保有者に限り、香港への個人旅行を認めた。以後、対象都市の順次拡大に伴い来訪者は急増し、2012 年に香港の全人口の約 5 倍の 3491 万人に達した。ただし 2015 年の上海ディズニー開業でより過当競争になるため、中国本土客に頼っていられない。また増加を続ける中国本土客に対する香港住民の反感はかつてないほど高まり、社会問題に発展し、自由行の制限論も浮上した。香港政府の梁振英行政長官は記者団に「今後むやみに中国本土客を増やすことを目指さない」とコメントした[53]。

2012 年純利益 13 億円、チケット 12% 値上げ

2013 年 3 月、香港ディズニーが夏休みを前に入園料金を 12% 引き上げる、と複数の香港メディアが伝えた。入園料金は大人 399 香港ドルから 450 香港ドル、小人 285 香港ドルから 320 香港ドルになる。料金見直しは 2011 年 8 月以来となる。前回の上げ幅は 14% だった。香港ディズニーは 2012 年 10 月期（本決算）で 1 億 900 万香港ドル（約 13 億 1800 万円）の純利益を計上した。2011 年は 2 億 3700 万香港ドルの赤字だった。最終利益の黒字化は 2005 年の開業以来で初めてとなる[54]。

東京、香港、上海のディズニー共存可能

2013 年 5 月、世界のディズニーランドで初めての最新アトラクション「ミスティック・ポイント」（迷離荘園）が香港ディズニーに導入された。香港ディズニーの競争力を高める目的であったが、お披露目記者会見では 2015 年開業予定の上海ディズニーとの競合の行方に質問が集中した。香港ディズニーの金民豪 CEO は「アジアの市場はとても大きいのでディ

---

[53] 2013/02/20 日経産業新聞 20 頁「香港ディズニー、ミッキーに中国踊る、開園 7 年で黒字に、上海開業控え「客源」課題。」
[54] 2013/03/21 亜州 IR 中国株ニュース【統計】香港ディズニーが 12% 値上げへ、夏期休暇前に実施 香港」

ズニーランドが2－3ヶ所あっても、それぞれ十分に成長する余地がある」「全てユニークな特徴を持ち、互いの存在が互いの入場者数を高める」と、東京、香港、上海の共存が可能と述べた。会見に同席したアジア・ウォルト・ディズニー・パークス・アンド・リゾーツのアーネスト社長は「香港ディズニーと上海ディズニーは補完しあう関係になる」と述べた[55]。

恒例のハロウィン期間15%値上げ

2013年9月、毎年恒例の香港ディズニーのハロウィンイベントの詳細が決定した。同年は「ホーンテッド・ハロウィン（黒色世界）」と銘打ち、ワンデーパスポート（通常399ドル）が450ドルに、ナイトパスポート（通常259ドル）が299ドルに値上げされ、営業時間が夜11時まで延長される。期間限定のお化け屋敷として「グレーブス・アカデミー」と「リベンジ・オブ・ヘッドレスホースマン」が新たに用意され、トゥモローランドやトイ・ストーリーランドなどのテーマランドの中のいくつかのアトラクションがハロウィン仕立てとなる[56]。

無効な入場券の不正販売で逮捕者

2013年10月、香港ディズニーで非正規ルートによるチケット購入被害が2件確認された。香港各紙によると、1件目の被害者は9月26日にシンガポールから訪れていた7人一家で、ホテルに向かうタクシーの中で定価より50ドル安いと言われ運転手から人数分のチケットを購入したものの、うち1枚が現地で無効と判明した。2件目はインドネシアからの4人で、重慶大廈の旅行代理店で通常より30ドル安いと言われ購入した4枚のチケットのうち、3枚が無効だった。2件とも偽造クレジットカードを使って購入されたものと分かり、入場を断られた。警察は被害者の証言から店を特定し、旅行代理店職員の中国本土籍の女を逮捕した。警察では2件の事件の相関関係はないとみているが、国際的な犯罪組織が関与している可能性もあるとして捜査を始めた[57]。

中国本土客が牽引して好調、15%増収

香港ディズニーの収益が急拡大して、2013年度の売上高は48億9600万香港ドル（約650億円）と前年度比15%増、純利益2億4200万香港ドルと2.2倍となった。開業7年でよう

---

55 2013/05/24 日経MJ（流通新聞）7頁「香港ディズニー、世界初アトラクション、東京や上海と「共に成長」。」
56 2013/09/02 日刊香港ポスト「ディズニー、ハロウィン期間中は15%値上げ【香港─社会】」
57 2013/10/04 日刊香港ポスト「無効なディズニーランド入場券、被害相次ぐ【香港─社会】」

やく黒字にこぎ着けた。2013年度も中国本土客が牽引した。2013年度の入場者数は10%増の740万人、うち中国本土客が350万人で15%増え、全体の47%を占めた。香港ディズニーは売上高にほぼ匹敵する42億6300万香港ドルを投じ、ホテルを新設する計画を発表した。2つの直営ホテルの稼働率が2013年度は平均94%に達した。入場者の増加を前提に750室を備えたホテルを2017年初頭に開業する。完成後の客室数は最初の計1000室から75%増える。記者会見した金民豪CEOは中国本土客の見通しについて「可処分所得の伸びが続く限り、海外旅行への需要は伸び続けるだろう」と述べた。東南アジアなどの増加にも期待を示した。ホテルの投資資金は香港ディズニーの株主である香港政府と米ディズニー社からの融資に加え、米ディズニー社による増資などで賄う方針である[58]。

660億円投資して3棟目のホテル建設

2015年1月、香港ディズニーは3つ目のホテル「エクスプローラーズ・ロッジ」を2017年に開業すると発表した。20世紀初頭の冒険をテーマに「ライオンキング」などディズニー映画のキャラクターを使用する。投資額は42.6億香港ドル（約660億円）で、うち米ディズニー社と香港政府が各17億香港ドルを負担する。香港ディズニーには、「ハリウッドホテル」（1泊1700～2950香港ドル）と「ディズニーランドホテル」（同2400～5400香港ドル）の2つのホテルがある。収容人数は約1000人で、稼働率は90%を超えている。新ホテルの価格帯は既存の2ホテルの中間に設定する[59]。

アナ雪効果で12%増収

香港ディズニーの2014年9月期決算は売上高が前期比12%増の54億6600万香港ドル（約840億円）と過去最高を更新した。映画「アナと雪の女王」関連グッズの販売が好調で、純利益も3億3200万香港ドルと最高益だった。年間入場者数（2013年10月～2014年9月）は1%増の750万人で、従来の2ケタ成長から大きく落ち込んだ。全体の48%を占める中国本土客が4%増にとどまった。客単価は11%伸びた。開業が迫る上海ディズニーについて、金民豪CEOは「上海は長江デルタ、香港は華南地域を主な集客圏としており、客層が重なる部分は小さい」と述べた[60]。

---

[58] 2014/02/18 日本経済新聞　夕刊3頁「香港ディズニー好調、中国本土客けん引、15%増収、利益2.2倍。」
[59] 2015/01/07 日経産業新聞5頁「香港ディズニーランド、660億円投資、園内3棟目のホテル。」
[60] 2015/02/16 日経MJ（流通新聞）11頁「香港ディズニー、「アナ雪」効果、前期、12%増収。」

第2次拡張工事で初期の2倍の面積に

　2015年3月、香港政府と米ディズニー社が共同で香港ディズニーの拡張工事に関する交渉を進めている、と曽俊華財政官が立法議会で明らかにしたと複数の香港メディアが伝えた。第2期拡張工事では既存パークと同規模の60haを新設し、アトラクション、ホテル、ショッピング施設を整備する。2016年末に「トゥモローランド」に映画「アイアンマン」のアトラクションをオープンさせる。香港ディズニーは2014年11月、物価や人件費、運営コストの上昇を受け、入園料金を約10.9%引き上げた。2014年の入場者総数は750万人（中国本土客48%）と過去最高を更新したが、伸び率は1%に減速した[61]。

中国本土客減少で4年ぶりに赤字転落

　香港ディズニーは2015年9月期で1億4800万香港ドル（約21億6600万円）の純損失を発表した。赤字転落は2011年度以来、4期ぶりである。前年度は3億3200万香港ドルの最終黒字で、過去最高益を更新した。香港を訪れる中国本土客が減少し、減収した。期間中の入園者数は680万人と、過去3番目の大きさを記録したものの、前年の750万人に比べて9.3%減少した。売上高は前年比6.4%減の51億1400万香港ドルに縮小した。入園者の内訳は本土客41%、香港39%、その他20%である。客単価は3.0%増加したが、入場者数減少をカバーできなかった。ホテルの客室稼働率は前年度の93%から79%に低下した。開業10周年イベントを行ったが、入場者増加につながらなかった[62]。

100人削減と労働組合の抗議活動

　2016年4月、香港ディズニーがリストラ策として100人程度の人員削減を決めたことに対し、従業員が抗議を行った。22日付香港各紙によると、21日朝に同園のエントランスで労働組合のメンバー10人が座り込みをした。出勤してきた従業員に抗議ビラと団結の印とする紫色のリボンを配るなどして理解を求めた。労働組合の主席は、「人員削減は従業員の士気に大きな影響を与えており、今後さらに人員削減があるのではないかと心配している」「香港ディズニーは削減人数を明らかにしておらず、まるでブラックボックスの中で作業を進めているようだ」と述べた。このリストラで給料5%カットされた者や降格となった者もいる。

---

61 2015/03/02 亜州IR 中国株ニュース「【統計】香港ディズニーランドが第2次拡張工事を計画、面積2倍に拡大へ　香港」
62 2016/02/15 亜州IR 中国株ニュース「【統計】香港ディズニーは15年度に4期ぶり赤字転落、本土観光客の減少で　香港」

4月27日に組合の代表者が香港ディズニー幹部と面会しリストラについて追究する予定である。幹部が何もアクションしなければ、香港ディズニーの取締役会の主席を務める曽俊華財政長官に申し入れを行う予定である[63]。

そして同年4月に香港ディズニーは100人近い従業員の解雇に踏み切った。まとまった数の人員削減は開園以来初めてである[64]。

中国本土客減少、CEO辞任

2016年6月、香港ディズニーは苦戦を強いられていた。2015年9月に開業から2010年を迎えたが、入園者全体の4割を占める中国本土客が景気減速などを背景に減少した。2015年9月期は4期ぶりの赤字に陥った。香港ディズニーは集客増へ拡張構想に期待をつなぐが、巻き返しは容易ではない。アジアでは所得向上とともに娯楽消費を増す中間層が台頭していた。2020年には中国だけで10億人、東南アジアやインドを含めると20億人に近づくとの予測もある。1999年に結ばれた香港政府と米ディズニー社の合意では、米ディズニー社が隣接する0.6平方キロメートルの用地を取得する優先権を持つ。1999年当時の交渉に携わった元政治家マイク・ラウス氏は「我々はディズニー社に100年の土地の使用権を与えた」と明かした。ただし香港政府は計画を公表していないので詳細は不明である。同年春に香港ディズニーの金民豪CEOが辞任した。金CEOはインドネシアやフィリピンなど近隣諸国から誘客する**アジア戦略**を打ち出していた[65]。

新アトラクション「スターウォーズ」やアナ雪等のエリア新設

2016年6月、香港ディズニーは大ヒット映画「スターウォーズ」をテーマにした新アトラクションで観光客を引き付ける作戦に出た[66]。

2016年11月、香港政府は不振の香港ディズニーの改修計画を総投資額109億香港ドル（約1600億円）と発表した。人気映画「アナと雪の女王」などをテーマにしたエリアを新設する。上海ディズニーと差別化して対抗する。2018年から2023年にかけて既存用地を使

[63] 2016/04/25 日刊香港ポスト「香港ディズニー、リストラ抗議で座り込み【香港—社会】」
[64] 2016/06/29 日本経済新聞　朝刊9頁「香港ディズニー、止まらぬ逆風、本土客減少、従業員も削減、「上海」開園、追い打ちも、拡張に期待つなぐ。」
[65] 2016/06/29 日本経済新聞　朝刊9頁「香港ディズニー、止まらぬ逆風、本土客減少、従業員も削減、「上海」開園、追い打ちも、拡張に期待つなぐ。」
[66] 2016/06/14 日本経済新聞　朝刊11頁「香港ディズニーランド、スター・ウォーズで対抗（アジアフラッシュ）」

って段階的に実施する。シンボルの「眠れる森の美女の城」を建て直す。投資は香港政府が53%、米ディズニー社が47%負担する。香港ディズニーは東南アジアからの集客を強化し、改修後の2025年に入園者数900万人に増やしたい[67]。

新CEOに爆弾が送りつけられ警察を呼ぶ騒動

2017年2月、香港ディズニーに爆弾が送りつけられたため警察が出動し、従業員500人が避難する騒ぎがあった。香港各紙によると、騒ぎが起きたのは13日の正午過ぎで、香港ディズニーの劉永基CEO宛に約40センチ四方の小包が郵送された。不審に思った警備員がX線で内容物を確認したところ、電線や電池が確認され、警備犬の反応もあり爆弾と断定した。すぐさまビル内にいた従業員500人が避難した。警察に連絡して、反テロリスト部隊や爆弾処理班が出動し緊迫した状態となった。しかし警察が内容物を確認したら、中身は香港ディズニーで販売されている「トイストーリー」のキャラクター「バズライトイヤー」の玩具だった。同封されていた手紙は同製品が故障していたことへの苦情だった。警察は事件性は無いと判断した。入場者への影響もなかった[68]。

上海ディズニー開業で中国本土客減少、赤字拡大

2016年9月期の純損失は約1.7億香港ドル（約25億円）で、2期連続で赤字を計上した。2015年6月に上海ディズニーが開業し、中国本土客が急激に落ち込んだ。赤字は前の期の1億4,800万香港ドルから拡大した。開業から11年間で黒字を計上したのは、香港が観光ブームに沸いた2012年から2014年までの3期のみだった。売上高も中国本土客が減少したため前期比7%減の47億香港ドルとなった。入場者数は10%減の610万人だった。劉永基CEOは地域の競争や高い米ドルに固定された香港ドルなどのマイナス要因を挙げ、「状況は依然として厳しい」「夏以降、来場者数は徐々に増加に転じている」と述べた。入場者のうち39%が地元住民、外国人が4分の1を占める。韓国やフィリピン、タイ、台湾からの入場者が2桁成長している。日本人観光客は前年比37%増となった。しかし上海ディズニー開業で、香港ディズニーへの中国本土客の割合は36%に低下し、2009年以降で最低の水準とな

---

[67] 2016/11/23 日本経済新聞　朝刊13頁「香港ディズニー、ライバルは上海、改修1600億円で新エリア。」

[68] 2017/02/15 日刊香港ポスト「ディズニーで爆弾騒ぎ、職員500人が避難【香港―社会】」

40

った。上海ディズニーの1日あたりの来場者数は平均3万人、開業から6ヶ月間の来場者数は560万人で、香港ディズニーの年間入場者数にほぼ匹敵する[69]。

減価償却費が響き3期連続赤字

　香港ディズニーは2017年9月期で3億4500万香港ドル（約47億円）の純損失を計上した。純損失は前年度の1.7億香港ドルから倍増した。入場者数は増加に転じたものの、新アトラクション投入に伴う減価償却費の増加が響いた。劉永基CEOはEBITDA（利払い・税・償却前利益）が前年比28%増の9億1400万香港ドルに達したと述べた。期間中の入園者数は延べ620万人と、前年比3%増加した。中でも海外客が5%増の160万人に達し、2005年の開園以来で最多を記録した。海外客で最も多かったのはフィリピン人である。伸び率では、韓国人が53%増、日本人が32%増となった。入場者の比率は香港地元客41%、中国本土客34%、海外客25%となった。新アトラクションや新ホテルが入園者増加に寄与した。2017年1月に新アトラクション「アイアンマン」が、4月に3軒目となる直営ホテル「ディズニー・エクスプローラーズ・ロッジ」がオープンした。ホテル3軒の客室稼働率は約70%で推移している。2023年までに総額109億香港ドルを投じ拡張する。香港ディズニーは2018年に入場料を値上げした。ワンデーパスポートは大人589香港ドルから619香港ドル（5%）に、12歳未満の子ども419香港ドルから458香港ドル（9%）に値上げした。開園当初の入場料は成人で295香港ドルと世界のディズニーランドで最も安かったが、倍以上の価格に上がった[70]。

中国本土からの観光客15.2%増加

　2018年6月、観光で香港に何度も訪れる本土からの観光客、特に華南地区の人を呼ぶため、香港ディズニーは2018年下半期の新しい「マルチデイパス」を広州市で発行した、と中国新聞網が伝えた。このパスは中国の旅行サイト「Lvmama.com」が香港ディズニーと提携して発行する。深圳市と珠海市でその関連PRイベントが開かれた。この頃、香港の観光業は好転を続けていた。香港観光発展局によると、同年4月に香港を訪れた観光客数は同期比11%増の530万人となり、うち大陸部の客の増加が同期比15.2%と最も顕著になった[71]。

[69] 2017/02/22 日本経済新聞電子版ニュース「香港ディズニーランド、2年連続の最終赤字」
[70] 2018/02/21 亜州IR中国株ニュース「【統計】香港ディズニーが3期連続赤字、入園者3%増も減価償却コスト響く　香港」
[71] 2018/06/13 人民網「「社会・生活」　香港ディズニーランドが大陸部観光客ターゲットのマルチデ

中国本土、日本、韓国、フィリピンからの客数増加

　香港ディズニーの2018年9月期決算は前期比18%増の60億香港ドル（約840億円）となった。日本や韓国など海外客が増えたのが主因である。2018年秋以降も香港と中国本土を結ぶ高速鉄道や香港とマカオをつなぐ海上橋など周辺の交通インフラが相次いで開業し、中国本土客も増えた。2018年9月期は集客力を高めるための投資により、純損失が5400万香港ドルと赤字が続いたが、赤字額は前期比84%縮小した。入場者は8%増の670万人だった。来場者のうち地元香港40%、中国本土客34%、海外客26%を占めた。海外で広告宣伝を強化した結果、日本人44%増、韓国人34%増、フィリピン人12%増と大幅に伸びた[72]。

香港反政府デモで売上高55億円減少

　米ディズニー社は2019年7-9月期財務報告の中で、香港ディズニーの売上高が前年同期比5500万米ドル（約55億円）減少したと発表した。長期化する反政府デモの影響で観光客が激減しているためで、クリスティン・マッカーシーCFOは10-12月期に営業利益が**8000万米ドル減収**するとみている。外電を引用し「新頭殻」が伝えたところによると、同CFOは「香港の混乱が継続すれば2020年9月時点で損失額が2億7500万米ドルに上る可能性もある。拡張計画を進めているが、計画の大幅修正もある」と述べた[73]。

新型コロナウィルス感染拡大で純損失14億円

　2020年1月、中国本土で新型コロナウィルス感染拡大を受け、香港ディズニーは休園し始めた。ゲストとスタッフの健康のための措置で、再開は未定であった[74]。

　香港ディズニーの2019年9月期の通期決算で1億500万香港ドル（約14億円）の純損失を計上した。2015年度から5期連続の赤字となり、赤字幅は前年の5400万香港ドルから94%拡大した。純損失は2015年度が1億4800万香港ドル、2016年度が1億7100万香港ドル、2017年度が3億4500万香港ドル、2018年度が5400万香港ドルと推移してきた。EBITDA（金利・税金・償却前利益）は17%減の11億香港ドルに落ち込んだ。民主化デモの影響で香港訪問客が減少したことなどが響いた。通年の来場者総数は4%減の650万人に減少した。入場者1人当たりの消費額は4%増加し、10年連続で過去最高を更新した。香港

イパス発行」

[72] 2019/02/20 日本経済新聞　朝刊13頁「香港ディズニー、前期売上高18%増、日韓の観光客好調。」
[73] 2019/11/08 DZH中国株ニュース「香港ディズニーランド、10-12月は8000万米ドル減益か」
[74] 2020/01/26 時事通信ニュース「香港ディズニーも休園＝域内患者6人に—新型肺炎」

ディズニーによれば、2019 年 7〜9 月の民主化デモの影響を除いた場合、2018 年 10 月〜2019 年 6 月（9 ヶ月）の売上高は前年同期比で 11%増加し、EBITDA は 20%、入場者数は 5%増加し、ホテル稼働率は 8.00 ポイント上昇した[75]。

管理職 20〜30%減給

　2020 年 4 月、香港ディズニーは上級管理職の給与を 20〜30%削減し、常勤スタッフは週 1 回の無給休暇を要請する、と香港紙、信報（電子版）が伝えた。中国ニュースサイト、証券時報網によると、2 ヶ月間の休園で香港ディズニーは 1 億 4500 万米ドル（約 156 億円）、上海ディズニーは 1 億 3500 万ドルの損失を計上する見通しである。上海ディズニーでは一部営業が解禁されているが、香港ディズニー再開のめどは立っていない。また、新型コロナウィルスの影響で米ディズニー社は従業員 10 万人以上に無給休暇を要請した。これで 1 ヶ月当たり約 5 億ドルの人件費の流出を防げる[76]。

新型コロナで香港政府が入境制限、観光業界は苦境

　2020 年 5 月、香港政府は新型コロナ感染拡大で外国人の入境を厳しく制限し、香港ディズニーは大打撃を受けていた。香港政府は香港海洋公園向けに 54 億香港ドル（約 750 億円）の緊急支援を提案した。香港では 2019 年 6 月に大規模デモが始まり、観光はコロナ前から打撃を受けた。香港ディズニーはデモの中、営業を続けたものの、2019 年 9 月期決算では 5 年連続の最終赤字を計上した。デモで客足が鈍っていたところに、新型コロナが追い打ちをかけた。香港政府は外国人の入境は原則禁止しているため、香港ディズニーが再開しても、すぐに観光客が戻るわけではない[77]。

2020 年の赤字額、前年比 25 倍の 370 億円

　香港ディズニーの 2020 年 9 月期決算（約 7 ヶ月間休園）は最終赤字 26.6 億香港ドル（約 370 億円）と前の期の 25 倍に拡大した。赤字は 6 年連続で、2005 年の開業以来で最大だった。売上高は 76%減の 14 億香港ドル、入場者は 73%減の 170 万人だった。香港ディズニー

---

[75] 2020/03/16 亜州 IR 中国株ニュース「【統計】香港ディズニーが 5 期連続赤字、純損失 1 億香港ドルに拡大　香港」
[76] 2020/04/21 アジアビジネス情報（時事通信）「香港ディズニー、管理職 20〜30%減給＝休園 2 カ月で 156 億円損失」
[77] 2020/05/29 日経 MJ（流通新聞）8 頁「休園 4 カ月、香港ディズニー苦境、海洋公園は破綻懸念も。」

は通常、地元客が4割程度で、残りを中国本土や海外が占める。マイケル・モリアーティCEOはオンライン会見で「新型コロナが前例のない厳しさをもたらし、大きな打撃になった」と述べた[78]。

米ディズニー社から融資290億円、ロイヤルティ支払わず

2021年5月、モリアーティCEOは法会(議会)への運営報告で米ディズニー社から回転信用枠で21億香港ドル(約290億円)の融資を受けた発表した、と香港紙・信報が伝えた。モリアーティ氏は「手持ち資金の流動性が滞る可能性もあるが、すぐに香港政府から追加資金援助を受ける必要はない」と述べた。コスト削減とアトラクション拡充で集客を図る。人員削減計画はなく、従業員にワクチン接種を奨励した。接種者には有給休暇や特別手当を与える。米ディズニー社とのライセンス契約に基づき、2020年度は営業利益に応じたロイヤルティは発生していない。商務・経済発展局の邱騰華局長は、香港ディズニーの拡張工事に充てる109億ドルについて、「資金がほかの目的に転用されることはない」と述べた[79]。

2021年の4割休園、赤字370億円

香港ディズニーの2021年9月期決算(対象期間中の4割が休園)は最終損益24億香港ドル(約370億円)の赤字(前の期は27億香港ドルの赤字)になった。新型コロナが直撃した2020年9月期に比べると、売上高は19%増の17億香港ドル、入場者数は64%増の280万人だった。地元客が大幅に増え、年間パスの保有者は過去最高になった。コスト削減もあり、赤字額は縮小した[80]。

フルタイム300人・パートタイム300人募集

2022年5月、香港ディズニーはリニューアルしたお城の「奇妙夢想城堡」を背景にした新しい夜間パフォーマンス「ディズニー星・夢・光・影の旅」がスタートする。香港メディアによると、香港ディズニーは新たに多くの施設が完成するのに伴い600人(フルタイム社員300人、アルバイト300人)を新規採用する。ディズニーランド運営、ホテル運営、警備、

---

[78] 2021/05/18 日本経済新聞　朝刊10頁「香港ディズニー赤字最大、20年9月期、コロナで休園響く。」
[79] 2021/05/25 アジアビジネス情報(時事通信)「香港ディズニー、21億ドル融資受ける＝「従業員削減しない」」
[80] 2022/03/23 日本経済新聞電子版「香港ディズニーの21年9月期、370億円赤字　年4割休園」

飲食・商品部門など主に前線の職員である。フルタイム社員初級ポストの初任給は交通費手当込みで月1万4200〜1万8000香港ドル（約25.5〜32.4万円）、一部職種ではさらに3000香港ドルの手当がつく[81]。

6.発見事項と考察

本章では、香港ディズニー設立から開業後の経緯を考察し、次の点を明らかにした。

第1に、香港ディズニーは香港國際主題樂園という香港政府と米ディズニー社の合弁企業に経営されている。同社の株式は、香港政府が57%、米ディズニー社が43%を所有している。その董事局の役員は香港政府から5名、米ディズニー社から4名、会長職は毎年香港政府出身者と米ディズニー社出身者で交替する。同社は香港政府の役人の影響が強く、米ディズニー社の経営陣の影響も強い。

第2に、米ディズニー社と香港政府が交渉していた1990年代後半、米ディズニー社はディズニーランドを国際展開する戦略をとっていた。香港ディズニーの総工費30億ドルのうち、米ディズニー社は3億ドル強を負担した。米ディズニー社は香港政府に条件面で大きく譲歩させることに成功した。このように、米ディズニー社は低リスク、高リターンで利益率の高いビジネスモデル構築に長けている。おそらくアイズナー会長兼CEOが交渉に臨んだであろう。米ディズニー社は契約において、自社が利益を上げ、それによって他社は利益を上げられない不平等条約を突き付けるという特技がある。特に21年間会長兼CEOを務めたマイケル・アイズナー氏は強引な交渉で何度も契約を壊してきたとされている。

第3に、香港ディズニー開業前、すでに上海や深圳など各地にテーマパークが乱立し、経営不振が目立っていた。そこで平日295香港ドル（約4100円）にして割安感を出した。それを可能にしたのが香港政府の手厚い支援で、香港政府がインフラ整備などで224.5億香港ドルを拠出して、米ディズニー社の資金負担を軽くした。オリエンタルランドのTDL創設期に比べて優遇されている。そのため企業に力がつかなかったのではないか。

第4に、香港ディズニー開業前すでに上海ディズニー計画が浮上していた。この頃、すでに香港の景気は減速していた。米ディズニー社の香港進出と香港市の活性化という利害関係が一致した。つまり香港ディズニーは、米ディズニー社にとってディズニーランドの国際展開、香港にとって経済活性化の起爆剤であった。

---

[81] 2022/05/30 日刊香港ポスト「ディズニーランドが600人募集【香港—経済】」

東京ディズニーランド (TDL) 誘致は、1958年にアメリカのディズニーランドに行って感銘を受け、必ず日本に誘致すると誓った川崎千春・京成電鉄社長の夢とロマンが事業の動機であった。TDLは川崎社長の夢の実現であった。しかしながら、香港ディズニーランド誘致の動機は、景気低迷を大型プロジェクトで活性化させることであった。

　第5に、香港メディアの多くが、香港ディズニーは入場者数を実際より多く発表していると批判した。香港ディズニーは、テーマパークが入場者数を正確に申告しているか信用できないケースとなった。有名テーマパークが入場者数をごまかしていると報道されたのは、これが世界初だろう。これでは入場者数や売上高のランキングの信頼度が下がる。

　第6に、2011年に入場料金を値上げした理由は、①2005年の開業以来インフレ（物価上昇）率の累計は20%近くに達したこと、②人民元をはじめ主要通貨に対し香港ドルは20%以上下落したこと、③米ドルに事実上連動する香港ドル安であった。1983年開業のTDLは、初期からバブル崩壊の1991年までずっとインフレであった。香港ディズニーも開業から数年でインフレ率20%になった。香港経済は中国本土に比べて不調であるが、それでも香港の物価は上がる一方である。インフレ率20%ということは、1000円だったものが1200円になったということである。2005年開業時の入場料が4000円だとすると、20%のインフレの結果、4800円にしないと採算が取れない。しかし成長期の国では、物価は上がるが、給料は物価上昇ほど上がらない。国民の生活は苦しい。日本の高度成長期も、物価が上がるばかりで給料は物価上昇ほど上がらなかった。新興国では、高度成長期の日本と同じことが起こっている。その中で消費者はレジャー費用を工面する。テーマパークには、それにふさわしい価値が求められる。

　本章の限界は、香港ディズニーが非公開企業であるため、ここまでしか情報が無いことである。

7.まとめ

　2000年代後半、香港ディズニーの不振が一因となり米ディズニー社は経営不振となった。コンテンツ部門の不振を香港ディズニーで払拭するはずが、香港ディズニーの不振で米ディズニー社の足を引っ張ることとなった。しかし映画2作品（カーズ、パイレーツ・オブ・カリビアン）の大ヒットで香港と米アナハイムのディズニーランドを拡張できた。**映画産業は一攫千金**の象徴と言われるのはこのようなことによる。

　香港ディズニーは開業前の過剰な期待のわりに、東京のようにならなかった。広州の旅行会社によると、香港を旅行する客の6割が海洋公園の訪問を希望する。米ディズニー社は自

社ブランドを過信して、旅行会社との関係構築を怠ったと旅行業関係者に言われている。米ディズニー社のトップマネジメントの傲慢さ、殿様商売、自信過剰発言がたびたび批判されている。香港ディズニーでもブランドを過信して、ディズニーランドを設立すれば日米のようになると考えていたはずである。米ディズニー社はオリエンタルランドの努力を軽く見積もり、コンテンツの魅力や運営ノウハウで TDR があれだけ成功したと考えたはずである。TDR の成功はオリエンタルランドの努力による。アジアにディズニーランドをつくれば東京のようになるはずだったのに、香港は振るわない。これを前書（2014, 第5章）で「**香港ディズニーランド・ショック**」と定義した。香港ディズニーランド・ショックは「**ディズニーランド神話崩壊**」を決定的なものにした。ディズニーランドを創れば日米のように成功するという思い込みを筆者は「ディズニーランド神話」と定義している。香港ディズニーは「ディズニーランド神話」を崩壊させた。そして米ディズニー社本体の業績を悪化させ、株価をとブランド力を低下させた。

短編1　幻の北京ディズニーランド

　2006年1月、北京市は北京ディズニーランド（以降、北京ディズニー）計画を発表した。結論から言うと、これは幻のディズニーランド計画となった。

　北京市政府は2006年1月の北京市人民代表大会（全人代）で2010年までに北京市内でディズニーランド建設を計画していると発表した。同計画では、他の遊戯施設を含め100億元（約 **1400億円**）以上の資金を投じ、北京市南部の大興区に建設する。北京市発展改革委員会が2006〜2010年の政策目標を定めた「北京市第十一次五カ年規格（計画）」の一部として説明した。大興区に北京ディズニーランドなどを含む5〜6の遊技施設を建設する。しかし米ディズニー社は「現時点で北京での建設計画はない」とコメントした。この頃、中国第2のディズニーランド候補地として、2012年頃の開園予定で上海市が有力視されていた。香港紙によると、北京市の計画はすでに中央政府の支持を得ていた。北京市と上海市がディズニーランド誘致を激しく争うことになると見られた[82]。

　北京市は米ディズニー社に誘致する前に「これから誘致する計画」を発表した。つまり、**フライング発表**であった。北京市と上海市の誘致合戦の結果、上海市がディズニーランドを射止めたのではない。北京ディズニーに関する日本語での報道は上記（日経産業新聞2006年1月18日）しかない。

　代替案ではないと思うが、北京市通州区にユニバーサル・スタジオ北京が2021年9月に開業した。北京市の面積は東京都の約7.5倍のため、「北京アドレス」は「東京アドレス」より獲得しやすい。

　北京ディズニーランドの予算は2006年の北京の物価で約1400億円であった。この金額では小型のディズニーランドとなる。TDLの総事業費は1983年の物価で約1800億円、TDSの総事業費は2001年の物価で約3300億円であった。1400億円では小型のディズニーランドとなり、あまり競争力が見込めない。無理して実行しなくて良かった。ディズニーランドは目立ち、報道されやすい。不振だと世界的に報道される。フランスと香港のディズニーランドの不振は有名である。

---

[82] 2006/01/18 日経産業新聞4頁「ディズニー誘致、北京市が計画——2010年までに。」

第2章　上海ディズニーランド

1.はじめに

　ユニバーサル・スタジオ上海（以降、US上海）の計画が2002年12月に発表され、2004年9月に中止された（詳細は第3章）。US上海計画中止の主要因は次の2点、①富裕層しか入場できない高額な入場料、②中国政府の景気過熱抑制策であった。US上海の入場料は2004年の物価で500元（約6000円）であった。当時の上海市の最低賃金は月635元だったので、富裕層しか入場できない。それでは採算が取れない。2000年代前半、上海に多くのビジネスチャンスがあると思われたが、過酷な物価高騰も進んでいた。

　一方、上海ディズニーランド（以降、上海ディズニー）は2016年に開業され、年間入場者数1000万人を超える人気である。なぜ上海ディズニーは開業できたのか。

　本章では、上海ディズニーの企画から現在までを考察する。第1に上海ディズニーを経営する企業、第2に上海ディズニーの企画から開業、第3に開業後の経緯を考察する。

2.上海ディズニーリゾートを経営する企業

　上海ディズニーを経営する企業は、米ディズニー社と上海申迪（集団）有限公司である[83]。

ウォルト・ディズニー・カンパニー・チャイナ

　米ディズニー社とその子会社、関連会社は5つの主要事業を軸に広範囲に多角化している。米ディズニー社は国際展開を進め、ダウ・ジョーンズ30社の一社で、約380億ドル（約3.8兆円）の売上高である。ディズニーアニメは1930年代に初めて中国で上映された。現在、北京、上海、広州のオフィスに1000名以上の従業員がいる。同社は出版、放送、モバイル、ウェブ、小売、英語教育プログラム「ディズニー・イングリッシュ」など多岐に渡る事業を有する。ほぼ24時間のディズニーTVプログラムは3億〜3.6億人に毎月届く[84]。

　以上のように同社公式HPに英語で記載されていた（2013年8月11日）。日本語サイトは無かった。米ディズニー社とウォルト・ディズニー・カンパニー・チャイナの関係性や資

---

[83] Shanghai Disney Resort「The Walt Disney Company」2013年8月11日アクセス
http://en.shanghaidisneyresort.com.cn/en/press/company-information/the-walt-disney-company/
[84] Shanghai Disney Resort「The Walt Disney Company」2013年8月11日アクセス
http://en.shanghaidisneyresort.com.cn/en/press/company-information/the-walt-disney-company/

本関係等は書かれていない。米ディズニー社の中国法人がウォルト・ディズニー・カンパニー・チャイナと推測できる。2023 年 2 月 14 日現在、この部分は HP に掲載されていない。

ウォルト・ディズニー・パークス・アンド・リゾーツ

　米ディズニー社の子会社の一社であるウォルト・ディズニー・パークス・アンド・リゾーツは 1955 年にウォルト・ディズニーが新しいタイプのテーマパークを確立したことに始まった。ウォルトのビジョンは世界をリードする 5 つのリゾートとなった。さらにディズニー・クルーズライン（Disney Cruise Line：豪華客船）、ディズニー・バケーション・クラブ（Disney Vacation Club：高級ホテルへの宿泊優待会員権事業）、アドベンチャー・バイ・ディズニー（Adventures by Disney：富裕層向け冒険型アクティビティ）など旅行目的地を提供する。ウォルト・ディズニー・イマジニアリング社（Walt Disney Imagineering）がディズニーランド等のテーマパーク、リゾート、乗り物等を新規に創造し、設計し、建設する[85]。

上海申迪（集団）有限公司

　上海申迪（集団）有限公司[86]（Shanghai Shendi (Group) Co., Ltd.、以降上海申迪）は後述する三社に所有される 100％合弁投資企業である。上海申迪は上海政府に承認され、登録され、設立された**国有企業**である。2010 年 8 月 8 日設立、上海国際観光リゾート区の土地開発、インフラ建設、関連産業を合わせて発展させる使命がある。さらにアメリカとの合資取引、共同建設、管理、上海ディズニー運営を行う。上海申迪はプロジェクト開発、建築、そして 2 つの完全子会社、①上海申迪**旅游**有限公司（Shanghai Shendi Tourism and Resort Development Co., Ltd.）と②上海申迪**建設**有限公司（Shanghai Shendi Construction Co., Ltd.）の運営を通して事業に参加している。上海申迪の親会社の三社とは、①上海陸家嘴（集団）有限公司（Shanghai Lujiazui (Group) Co., Ltd：上海陸家嘴金融貿易区開発株式会社）、②上海文广発展有限公司（Shanghai Radio, Film and Television Development Co., Ltd.：上海ラジオ映画テレビ発展有限公司）、③上海錦江国際控股公司（Jinjiang International Group Holding Company：上海錦江国際持株会社）である[87]。

---

[85] Shanghai Disney Resort「The Walt Disney Company」2013 年 8 月 11 日アクセス
http://en.shanghaidisneyresort.com.cn/en/press/company-information/the-walt-disney-company/
[86] Shanghai Disney Resort「Company Information」2013 年 8 月 11 日アクセス
http://en.shanghaidisneyresort.com.cn/en/press/company-information/shanghai-shendi-group/
[87] 上海文广発展有限公司「上海申迪（集団）有限公司」2013 年 8 月 11 日アクセス
http://smehg.cn/old/site_ja/site/page_2Biz_BizDisney.html

上海ディズニーリゾート概要

　上海ディズニーは上海市浦東新区に立地し、開業時 3.9 ㎢（963 エーカー）、2011 年 4 月建設開始、開業目標 2015 年である。上海ディズニーは中国本土初のディズニーリゾートで、開業日にはディズニーランド（テーマパーク）、2 つのホテル、大規模商業施設、屋外レクレーション施設がオープンする。ターゲット市場の人口は上海から車と電車で 3 時間以内に 3.3 億人、上海ディズニーランド（裏方を含めて）はおおよそ 91 万 963 ㎡（225 エーカー）、駐車場込みで 116 ㎡（287 エーカー）である。一つの高級ホテルと一つのリーズナブルなホテルに計 1220 室を擁する。小売業、飲食業、エンターテイメント施設の建物の総床面積は約 4.6 万㎡、約 2.9 万㎡の賃貸スペース（アナハイムのダウンタウンディズニーと同程度の面積）、その他、100 エーカー（40.5 万㎡）の湖、屋外のレクレーション施設、駐車場と交通の中核となる施設がある。米ディズニー社が 57%、上海申迪が 43%の株式を保有している。テーマパーク建設に 245 億人民元（37 億米ドル）、ホテルと RD&E の建設に 45 億人民元（7 億米ドル）が投資された。合弁企業を経営する企業は米ディズニー社が 70%、上海申迪が 30%の株式を所有する[88]。2013 年 8 月時点で同社 HP の英語版にこのように記載されていた。日本語版は無い。

　2023 年 1 月 14 日現在、上海ディズニー公式サイト（英語版）に「上海ディズニーは米ディズニー社と上海申迪の合弁会社で、2 つの所有会社（上海国際主題楽園有限公司および上海国際主題楽園配套施設有限公司）と管理会社（上海国際主題楽園度假村管理）で構成される。上海申迪が 57%、ディズニー社が 43%の株式を保有している。合弁会社の株式は、ディズニー社が 70%、上海神迪集団が 30%保有している。管理会社は所有会社に代わってリゾートを開発、運営する[89]」と書かれている。

3.上海ディズニーリゾート設立の経緯
上海政府トップの汚職と中央政府の許可

　上海ディズニー誘致に関して、2006 年 3 月に韓正上海市長が中央政府の認可待ちとし、立ち退き作業の準備を開始したという報道まであった。しかし 2006 年 8 月の上海汚職事件[90]

---

[88] Shanghai Disney Resort「Fact Sheet」2013 年 8 月 11 日アクセス
http://en.shanghaidisneyresort.com.cn/en/press/company-information/fact-sheet/
[89] Shanghai Disney Resort「Company Overview」2023 年 1 月 14 日アクセス
https://shcorporate.shanghaidisneyresort.com/en/category/company-overview-en
[90] 上海汚職事件：実業家の張栄坤が上海市の社会保障基金から 32 億元（約 480 億円）の不正融資を受け、上海周辺の高速道路の経営権を取得した疑惑が発覚し、上海市トップの陳良宇・党委書記

発覚以来、上海ディズニーに関する情報は途絶えていた。上海政府は中央政府の経済引き締め要請に抵抗してきたが、韓市長は中央政府に従って不動産投資などを抑えた。ロイター通信は 2006 年 12 月に米ディズニー社が上海ディズニー計画について上海以外の候補地も検討に入ったと伝えた[91]。

　しかし 2008 年 3 月に上海ディズニー構想が再浮上した。韓市長は全人代に関連した会見で、「上海ディズニーは中央政府の認可待ち」「専門家の考えでは浦東地区が第一候補地」とコメントした。この発言を受けて翌日の上海株式市場で上海に拠点を置く不動産株が上昇した。上海ディズニー計画は上海万博の 2010 年前後の開園が有力視されていた。香港ディズニーの集客数が伸び悩む中、米ディズニー社も中国大陸での早期開園に消極的との観測が強まっていた。韓市長は上海市代表の会議で、「上海ディズニーには国務院の認可が必要であり、国家の決定に従う」と述べた[92]。

米ディズニー社と上海政府の合弁会社設立

　2009 年 1 月 14 日の米ウォールストリート・ジャーナル（WSJ）によると、米ディズニー社と上海政府は建設計画を中央政府に提出することに合意した。12 日付の上海紙「上海証券報」は経済波及効 1 兆元（約 13 兆円）と報じた。中国では内需刺激策と期待された。WSJ が関係者の話として報じた計画によると、米ディズニー社が 43％、上海政府が 57％を出資して合弁の持株会社を設立する。投資額は 244.8 億（約 3200 億円）で、5 万人の雇用創出につながる。中国メディアは、ライセンス料など各種条件が米ディズニー社に有利なことが交渉長期化の一因と指摘した[93]。

中央政府の認可決定

　2009 年 11 月、中国国家発展改革委員会は上海ディズニー建設を正式認可したと発表した。しかし認可された敷地面積は 116ha で、アメリカを除いて世界最大の施設という青写真とはかけ離れた規模になった。世界で最小のディズニーランドになるかもしれないとの見方が出

の元秘書ら市幹部の関与が明らかになり、党中央が陳を解任したことである。

[91] 2006/12/25 日本経済新聞　朝刊 8 頁「汚職事件でトップ解任 3 ヵ月、上海の活力もたげる不安——中央政府の統制強まる。」

[92] 2008/03/10 日経産業新聞 4 頁「上海ディズニーランド、浦東が第 1 候補、上海市長表明（中国全人代 08）」

[93] 2009/01/14 日経産業新聞 10 頁「上海ディズニー、経済波及効果 13 兆円、中央政府に建設計画提出へ。」

た。最小だった香港ディズニーの126haよりも小さくなる。上海ディズニーが開業すれば、主要顧客である本土からの入場者が流れて香港ディズニーは集客が一層厳しくなるため、香港メディアは「香港よりも小さい上海ディズニーランド」と対抗意識をあらわにした記事を掲載した。上海が香港の数倍の規模になれば、香港に大きな心理的な圧力がもたらされるため、中央政府は香港ディズニーに配慮した可能性もあると深読みする記事もあった。上海政府はすでに建設予定地で約400haの土地の立ち退きを周辺住民に求めていた。上海市と米ディズニー社は中央政府と拡張計画について再度交渉するとみられていた[94]。

上海ディズニー第1期投資額3185億円

　2011年3月、新華社電によると、韓市長は全人代上海代表団の公開審議で上海ディズニー建設事業の第1期投資総額が245億元（約3185億円）と発表した。韓市長は記者に「上海ディズニーの早期着工を希望しており、双方が共に努力し、事前作業に取り組んでいる。以前、投資額についての報道を見たが正しくなかった」と述べた。上海ディズニー建設は2010年11月に上海で正式に契約が調印された。第1期工事は第12次5カ年計画期（2011〜15年）に完成し、開園する[95]。

上海ディズニーは上海万博以上の投資額

　2011年4月、上海ディズニー計画は中国の改革開放以来の約30年間における、サービス業分野での最大規模の投資プロジェクトで、中国の対外開放の新分野である。米ディズニー社のロバート・アイガーCEOは「我々は中国の協力パートナーとともに、ディズニーの特色と中国の特色とを鮮明に備えた上海ディズニーランドを建設する」と述べた、と中国経済週刊が伝えた。韓市長によると、2010年の上海万博では建設、運営への投資額が総額286億元（約4862億円）に上った。上海ディズニーはテーマパーク部分だけで245億元（約4165億円）、関連のホテル、店舗、レストラン、レジャー施設への投資は45億元（約765億円）に上る。開園後の運営やメンテナンス費用は別途かかる。245億元を投入して建設されるテーマパーク（駐車場を含む）には、レジャー、飲食、パフォーマンスなどの機能を備えたディズニーキャッスルとフラワーガーデンが含まれる。関連施設には高級ホテルとエコノミー

[94] 2009/11/26 日経産業新聞 21 頁「上海ディズニー世界最小？、中央政府正式認可、「香港に配慮」の見方も。」
[95] 2011/03/08 新華社ニュース（中国通信社）「上海ディズニー第1期投資245億元　韓正市長言明」

タイプのホテルがあり、総客室数 1220 室である。上海から電車や自動車で**3 時間圏に住む**
3.3 億人が上海ディズニーのターゲットになる[96]。

中国観光市場の特徴と予測

　2011 年 4 月、新華社電によると、中国社会科学院は「観光緑書：2011 年の中国観光業の
発展に関する分析と予測」で中国の観光市場の 8 つの特徴を発表した。

　①地域観光がさらに活発になる。上海周辺の**長江デルタ**の観光業の発展は好循環に入る。
広東、香港、マカオの経済協力関係が緊密になり、観光協力が拡大、強化され、**珠江デルタ**
の観光業は発展の余地がある。北京と天津を中心とする**環渤海地区**も新しい観光地を積極的
に開発している。海南省の国際観光島建設は加速する。

　②文化観光に人気が集まり、文化創造が注目を集める。**赤色観光**（共産党に関する史跡の
観光）や民俗観光など地方観光の魅力を高める大型のテーマパークが全国各地へ広がる。

　③**個人旅行**が普及し、国内から海外へと広がる。国内の観光情報提供が充実し、観光サー
ビスや予約が便利になって市場が成熟する。

　④国家関係の改善と修復にともない、北東アジア地域の観光が活気を取り戻す。中日、中
韓の観光が活発になり、双方向の人の流れが増える。

　⑤上海ディズニー建設が始まり、上海ディズニーへの期待からこの数年低迷していたテー
マパーク建設ブームが再燃し、複数の大型テーマパークの建設が加速する。

　⑥国際会議・展覧会の市場が成長し、投資額が増える。

　⑦**クルーザー**（船）観光が国内外の連携で再び人気を集める。クルーザー観光は近年、販
売が最も好調な旅行商品の一つである。一部の港湾都市が発展に力を入れている。

　⑧観光不動産が拡大を続ける見込みで、過度の発展に政府が留意する。特にハイエンド観
光都市のレジャースポットやゴルフ場など大型事業や娯楽事業が再び人気を集め、**二級都市**
や**三級都市**、あまり経済発展していない地域などにも拡大する[97]。

協調融資に 12 行が調印

　2011 年 5 月、新華社によると、上海ディズニーランドに関する協調融資に調印された。国
家開発銀行、上海浦東発展銀行、交通銀行など 12 行からなる協調融資団と上海申迪が署名

---

[96] 2011/04/20 人民網「「経済」上海ディズニーランド　投融資額は万博以上」「人民網日本語版」
[97] 2011/04/29 新華社ニュース（中国通信社）「中国社会科学院が 2011 年観光緑書を発表」

した。協調融資団による一括与信、サブプロジェクトごとに融資契約を結ぶ融資方法が決まった。国家開発銀行、上海浦東発展銀行、交通銀行が共同委託実施行となり、中国工商銀行、中国農業銀行、中国銀行、中国建設銀行が協調融資団の合同牽引行を務め、中国輸出入銀行、上海銀行、上海農村商業銀行、中信銀行、華夏銀行が協調融資団に参加する。協調融資団に参加する各行は中国の国情と法律を守ることを前提に、国際的に通用する慣例や規則を参考に、革新的なアイディアで上海の特色を備え、手本としての意味を持つプロジェクト投融資モデルを確立すると表明した[98]。

「上海モデル」と名付けた米中合弁ジネスモデルを発表

2011年8月、ウォルト・ディズニー・パークス・アンド・リゾーツのトーマス・スタッグス会長は上海浦東のオフィスで、国際金融報を含む少数のメディアに対し上海ディズニーに関する詳細を初めて公表した。同氏によると、ここ4ヶ月間で多くの仕事が急ピッチで進み、上海申迪が担当する土地整備が進み、ウォルト・ディズニー・イマジニアリング主導で設計した「藍天（青空）設計開発計画」が最終段階に入った。同氏はこのビジネスモデルを「上海モデル」と名付けた。上海モデルでは、上海申迪が管理会社への資本参加を通して、上海ディズニーと付帯施設の投資、建設、運用管理に共同参加する。これはディズニーの海外プロジェクトの運用管理方式の先例となる。同氏は「ディズニー社と上海申迪公司は2社の合弁会社を設立する。1社はリゾートエリアの運営業務を担当し、ディズニー社が多数の株式を保有する。リゾートエリアの事業主体のもう1社はリゾートエリアとパーク全体を所有する投資者で、上海申迪が多数の株式を占める」「このような合弁モデルは上海ディズニー独自のもので、利益はディズニー社と上海申迪が共有する」と述べた[99]。

ディズニー社長ら「東京、香港、上海のディズニー共存可能」

2013年5月、世界初の最新アトラクション「ミスティック・ポイント（迷離荘園）」が香港ディズニーに導入された。香港ディズニーの競争力を高める目的であったが、お披露目記者会見では2015年開業予定の上海ディズニーとの競合に質問が集中した。香港ディズニーの金民豪CEOは「アジアの市場はとても大きいのでディズニーランドが2－3ヶ所あっても

---

[98] 2011/05/29 新華社ニュース（中国通信社）「上海ディズニーの協調融資取り決めに調印　上海申迪集団」

[99] 2011/08/15 新華社ニュース（中国通信社）「上海ディズニー、進展の詳細が初めて公表される　利益配分は秘密」

それぞれ成長する余地がある」「全てがユニークな特徴を持っており、互いの存在が互いの入場者数を高める」と、東京、香港、上海の共存が可能と強調した。会見に同席したアジア・ウォルト・ディズニー・パークス・アンド・リゾーツのアーネスト社長は、香港ディズニーと上海ディズニーは補完しあう関係になると強調した[100]。

上海ディズニー、830億円の追加投資

2014年4月、上海ディズニーが50億元（約830億円）を追加投資することになった。当初の投資額は290億元であった。中間所得者層の厚みが増し、予想より速いペースで入場者が増えるとみて、アトラクション施設や飲食施設を増強する。上海ディズニーの収容能力はこれまでの計画より3割増えて年1000万人近くになる見通しとなった[101]。

上海のディズニーストア旗艦店、大盛況

2015年5月、上海市の浦東新区陸家嘴にある上海ディズニーストア旗艦店が開業し、大行列ができた。開店から1時間後の午後2時15分、ディズニーストアは「本日のご入店は締め切らせていただきました」という表示を掲げた。この時点で最後尾の客は入店に3時間待ち、と解放日報が伝えた。世界のディズニーランドには膨大な数の入場者に対応するノウハウがある。混雑を防ぐためディズニーストアでは店外のQライン（入店待ち列）の3ヶ所に「60分」「120分」「180分」と待ち時間表示を示した。華特迪士尼アジア太平洋区のポール・キャンドランド社長は「ディズニーストアは単にグッズを売る場所ではなく、ファミリーがショッピングを楽しめるリゾート地と考えている」とコメントした[102]。

三菱地所、英企業と上海ディズニー隣のアウトレットに20〜30億円出資

2015年7月、英アウトレットモール運営のバリューリテールと三菱地所は上海ディズニーの隣接地にアウトレットモールを開業すると発表した。国際的な高級ブランドを中心に240店舗出店する。中国では株安や倹約令で個人消費に逆風が吹いていたが、好立地を生かして幅広い地域からの集客を目指す。総面積4.8万平方メートル、上海ディズニーと同じ区

---

[100] 2013/05/24 日経MJ（流通新聞）7頁「香港ディズニー、世界初アトラクション、東京や上海と「共に成長」。」
[101] 2014/04/29 日本経済新聞電子版ニュース「上海ディズニーリゾートが830億円の追加投資」
[102] 2015/05/22 人民網（日本語版）「「社会・生活」上海ディズニーストア旗艦店に長蛇の列！開店1時間で「満員御礼」」

画内にあり、双方を遊歩道やバス、ボートで結ぶ。三菱地所は同開発プロジェクトに20億〜30億円を出資し、別の出資者に次ぐ第2位出資者となる。日本でアウトレットモールを運営する経験を生かし、主に日系ブランドの出店を支援する。三菱地所は江蘇省蘇州でバリューリテールと共同でアウトレットモールを運営している。バリューリテールは欧州で9ヶ所のアウトレットモールを運営している。うち1ヶ所は仏ディズニーランド・パリに隣接する。3.3平方メートル当たりの月間売上高が59万円と、同社平均約40万円を大きく上回る。この実績がディズニー社に評価され、上海ディズニー隣接地での運営を認められた[103]。

上海ディズニー、大規模な就職説明会

2015年10月、上海ディズニーは大規模な就職説明会を実施した。賃金などは明らかになっていないが、福利厚生が厚く、興味を持つ人は多い。上海ディズニーの賃金は基本給や年末2ヶ月分賃金、年間変動ボーナス、法定残業代、酷暑手当て、夜勤手当がある。福利厚生として、勤務中の食事提供、住宅補填金健康保険、団体人身保険、健康診断、有給休暇などもある。社員の賃金や福利は職階によって異なる。またスキルアップやキャリアチャンス、ディズニーランド通行証、入場券、グッズ割引購入などの優遇を受けられる。しかも世界中のディズニーランドでこの優遇を受けられる。ただし全員、早番から夜勤など異なる時間帯での勤務を求められる可能性がある[104]。

上海ディズニー開業で航空便利用者300万人増加見込み

2016年3月、中国東方航空股份有限公司の馬須倫・総経理は上海ディズニー開園で航空便利用者数が300万人以上増加見込みで、同社はこの50%を獲得できる見通しと発表した。同社は上海浦東空港と寧波市、温州市などと周辺都市の輸送能力への投資を拡大する[105]。

中間層増加も上海ディズニーの価格に対応できる人は少ない

2016年6月、日経MJが上海ディズニーの来場者100人を対象とした聞き取り調査で、中間層が増した中国の消費者の現状が分かった。「年収10万元（約160万円）以上」が4

---

[103] 2015/07/22 日本経済新聞電子版セクション「三菱地所など、上海ディズニー隣接地にアウトレット」
[104] 2015/10/22 新華社ニュース（日本新聞夏）「上海ディズニーランド、最初の就職説明会を実施」
[105] 2016/03/18 新華社ニュース（メディア新日中）【運輸・流通】東方航空：ディズニーランド開園で航空便利用者数は150万人増の見込み」

割を超え、7割以上が「日本に行きたい」と回答した。回答者100人の世帯年収は年20万元（約310万円）以上が17人、10万〜20万元が27人、学生2割弱であった。最も物価が高い上海でも最低賃金は月額2190元（約3.5万円）で、市内の飲食店では3000元（約4.8万円）前後の求人が多く、サービス業の管理職で6000〜8000元（約9.6万〜12.8万円）が相場である。中国は共働きが一般的だが、半数近くが年収10万元超との回答は突出している。上海ディズニーの入場料は週末499元（約8000円）、平日370元（約5900円）である。家族3人で来たら最低賃金の月収が消える。上海ディズニーの客は中間層でも所得が高めである。次に主な所有物を聞いてみた。67人が自宅、52人が自家用車、99人がスマートフォン所有していた。沿岸部では不動産価格高騰が社会問題となっているが、早めに自宅を購入した世帯はその後の値上がりで多額の含み益をもつ。住宅購入を済ませ、余暇を楽しむ世帯が増えていることを裏付けている。続いて欲しい物、したいことを複数回答で尋ねた。トップは旅行で57人、パソコンとスマートフォン14人、車13人と大きく引き離した。消費者の関心は「モノ消費」より「コト消費」に移っている。旅行先は欧州、ハワイ、日本、台湾が人気である。近くて費用も安い香港、韓国はあまり人気がない。日本に行ったことがある人が16人、ない人が84人だった。「ない」と回答した84人のうち、7割が「行きたい」と答えた。訪日経験がある人で「もう行きたくない」と答えたのは1人だけだった[106]。

開業半年で混雑落ち着き、お得なシーズナルパス発売

　2016年12月、上海ディズニーに3月末まで繰り返し入園できるシーズナルパスが新発売された。2〜3回の入園で元が取れる料金設定で、一服感のある人気の再喚起を狙う。同パスは「平日限定」「ほぼ全日」「日曜限定」の3種類である。平日限定が925元（約1.5万円[107]）である。鳴り物入りで開業した上海ディズニーであるが、開業から半年でそれほど混雑していないと言われるようになった。天候や時間帯によって変動は大きいが、待ち時間が90分を超すアトラクションは少ない。気温が下がり、大気汚染がひどくなる冬場の集客が課題である。そこで集客を伸ばすために同パスを導入した。上海の月額最低賃金は2190元、飲食店勤務の月収は3000〜4000元である。週末に親子3人で上海ディズニーに行けば、飲食も含めて月収の半月分ほどになるが、このパスで割安に入場してもらう狙いである[108]。

---

[106] 2016/06/27 日経MJ（流通新聞）10頁「中国、厚み増した中間層、上海ディズニー来場者100人調査、「日本行きたい」7割以上。」
[107] この頃のTDL・TDSの年間パスポートは各6.2万円だった。
[108] 2016/12/26 日経MJ（流通新聞）10頁「上海——上海ディズニーランドの季節パス、1万5600

上海ディズニー好調で米ディズニー社の事業収入増加

2017年2月、米ディズニー社は第1四半期の財務報告で、上海ディズニー開業など国際展開により事業収入が増加したと発表した。ディズニー社のロバート・アイガー会長兼CEOは「上海ディズニー好調により本年度、上海ディズニーの収支バランスが保たれる」と述べた。上海ディズニーでは開園からの入園者数700万人に達し、開園1周年には1000万人を突破する見通しとなった[109]。

入場者数増加よりも客単価アップ目指す

2020年1月、開業5年目の上海ディズニーが独自の価格設定を導入した。それまで3段階だった入場料を4段階に分け、最繁忙期は699元（約1万800円）と東京の7500円を4割も上回る。春節や国慶節の長期休暇に入場者が集中する中国人の特性を反映した。開園時は370元と499元の2段階で、最繁忙期の入園料は1.4倍に上がる。米ディズニー社は2019年7-9月期決算で営業増益になった理由を「入場者数減少に部分的に相殺されたが、チケットの平均価格が上昇したため」と分析した。上海市の最低賃金は月2480元で、工場や飲食店で働いた場合の手取り月収は4000～5000元が相場となる。入園料は秋冬に多く設定される最安値でも399元で、月収の1割に相当する。中間層から富裕層を主要顧客と見込む中、大きく入園者数を伸ばすよりも客単価を引き上げる方向に舵を切った。年間パスポートは3299元（約5.1万円）と、東京（6.2万円）より安い[110]。

4.発見事項と考察

本章では、上海ディズニーの企画から現在までを考察し、次の点を明らかにした。

第1に、上海市長が上海ディズニー誘致に関して中央政府の認可待ちとしたことから、資本主義の国の日本にディズニーランドを誘致する時には無いことが起きたと分かった。資本主義の国では、民間企業の経済活動を国家が決定するのは公共のインフラ等である。

第2に、2010年の<u>上海万博は建設費・運営費が総額約4862億円</u>だったのに対し、<u>上海ディズニーはテーマパーク部分だけで約4165億円</u>、隣接するホテル、店舗、レストラン、レ

円、集客苦戦？割安感で再喚起（ご当地Price）」
[109] 2017/02/14 新華社ニュース（メディア新日中）【サービス・広告】ウォルト・ディズニー：上海ディズニーランド開業で事業収入が増加
[110] 2020/01/13 日経MJ（流通新聞）8頁「中国——上海ディズニーの最繁忙期1万800円、入園料、繁閑で4段階（ご当地Price）」

ジャー施設は約765億円であった。万博よりもテーマパークが長期間成功した方が経済効果は高い。

　第3に、2016年に日経MJが上海ディズニーの入場者100人を対象に聞き取り調査した結果、世帯年収は20万元（約310万円）以上が17人、10万～20万元が27人、学生2割弱であった。100人のうち67人が自宅、52人が車を所有している。共働きとはいえ、半数近くが年収10万元超とは突出して裕福である。家族3人で上海ディズニーに来たら上海市の最低賃金の月収が消える。上海ディズニーの客は、中間層でも所得が高めである。中国で中間層が増加しているとはいえ、上海ディズニーの価格に対応できる人は少ない。

　第4に、鳴り物入りで開業した上海ディズニーであるが、開業から半年でそれほどの混雑していないと聞くようになった。開業後、入場者数を増していったTDLが偉大なのである。テーマパークは「1回だけ需要[111]」になりやすい。上海ディズニーは2020年に入場者数増加よりも客単価アップ目指す戦略に転換した。日によって3段階だった入園料を4段階に分け、最繁忙期は699元（約1万800円）とTDL・TDSの7500円より4割も高い。上海ディズニーの入園者数は2018年に1180万人で、2017年の1100万人の7%増となった。上海市の最低賃金は月2480元で、工場や飲食店で働いた場合の手取り月収は4000～5000元が相場となる。入園料は秋冬に多く設定される最安値でも399元で、月収の1割に相当する。大きく入園者数を伸ばすよりも客単価を引き上げる方向を目指し始めた。

　第5に、中国社会科学院の予測（2011年時点）では、地域観光、赤色観光、民俗観光が増加する。赤色観光は資本主義の国に無いコンテンツである。教育要素を強くし、うまく修学旅行先に選ばれれば、学校行事に選ばれやすい。外国人観光客も誘客できるだろう。また個人旅行が国内から海外へと増加するだろう。経済成長が進むにつれて、個人主義が台頭する。また上海ディズニーが刺激となり、国内のテーマパーク建設が加速するだろう。ここ数年低迷していたテーマパーク建設ブームが再燃し、複数の大型テーマパークの建設が加速する。この流れだと、国際会議・展覧会を目的とした観光が増えると筆者は考える。**MICE**（マイス：Meeting, Incentive, Convention, Exhibition；会議、報奨旅行、博覧会、国際展示会）とは**ビジネスツーリズム**のことである。展示会の利益率は低いが、高所得者が多い傾向にあり、宿泊や移動、食事、お土産などで支出が期待できる。さらに観光拡大に伴い不動産建設が増える。

---

[111] 1回だけ需要：多くの観光地は1回だけ行けばいいと、リピートしない人が多いため、筆者が前著でこう定義した。

5.まとめ

　US 上海は計画中止になったのに、なぜ上海ディズニーは開業できたのか。US 上海計画中止の主要因は次の 2 点、①富裕層しか入場できない高額な入場料、②中国政府の景気過熱抑制策であった（詳細は第 3 章）。

　US 上海の入場料を 2004 年の物価で 500 元（約 6000 円）前後という高額に設定していた。それは上海市の最低賃金に相当する。それでは中間層が入園できない。富裕層しか入場できないならば客単価が高額になる。入場料を一人 600 元弱（約 7800 円）と計画していたとの報道もある。2004 年の上海の最低賃金は 635 元だった。特定の層だけをターゲットにするため市場が小さい。さらに**資材が高騰して建設コストが上昇**した。中国は商圏の人口を満たすことはできるが、まだまだ日米欧に比べて物価安で、中間層が薄く、中間層に支出可能な金額は低価格である。

　また 2002 年当時、北京五輪（2008 年）と上海万博（2010 年）が決まっていた。大型テーマパーク誘致に成功すれば経済成長が加速する。2010 年の上海万博までは高水準の成長が続く「上海ドリーム」で、企業は様々な夢を見て、現実性の無い妄想のような計画が多数出ていた。

　これは日本のバブル期（1987〜1991 年）に非常に似ている。景気が過熱すると、地価と資材、人件費など諸経費が高騰する。またバブル期には、成功経験を積み重ねて自信をつけた経営者が自信過剰に陥るらしい。成功経験を積み重ねて自信をつけることはいいが、過剰な自信は身の丈に合わない投資に走るようである。バブル期の計画は実力に合わない「妄想」が多い。

　東京都の最低賃金（2021 年）は時給 1041 円[112]なので、フルタイム（1 日 8 時間、月 20 日勤務）で月給約 16.7 万円である。東京都と上海市の最低賃金（月額）で比較すると、US 上海の入場料 500 元（約 6000 円）は最低賃金 635 元の約 79%なので、東京都の最低賃金約 16.7 万円の 79%は約 15 万円である。2 人で行って入場料だけで 30 万円、家族 3 人なら 45 万円ということになる。交通費、ホテル、飲食、お土産など別途かかる。

　一方、上海ディズニー開業の 2016 年、上海市の最低賃金は月額 2190 元（約 3.5 万円）で、飲食店では 3000 元（約 4.8 万円）前後が多く、サービス業の管理職で 6000〜8000 元（約 9.6 万〜12.8 万円）が多い。上海ディズニーの入場料は週末 499 元（約 8000 円）、平

---

[112] 厚生労働省「令和 3 年度地域別最低賃金改定状況」2021 年 10 月 31 日アクセス
https://www.mhlw.go.jp/stf/seisakunitsuite/bunya/koyou_roudou/roudoukijun/minimumichiran/

日370元（約5900円）である。2016年には経済成長が進み、上海市の最低賃金は月2190元（約3.5万円）、上海ディズニーの休日料金499元（約8000円）なので、最低賃金の約23%であった。東京都の最低賃金約16.7万円の23%は約3.8万円である。2人で7.6万円、3人で11.4万円である。

　US上海の2002年時点で、US上海の入場料は上海市の月額最低賃金の約79%で、東京都の最低賃金から算出すると、入場料約15万円に相当する。14年が経過し、2016年の上海ディズニーの入場料は上海市の月額最低賃金の23%で、東京都の最低賃金から算出すると、入場料3.8万円に相当する（表1）。

　よって、US上海は計画中止になったのに、なぜ上海ディズニーは開業できたのかに対する答えは次のようになる。US上海計画のあった2002年に入場料6000円は上海市の最低賃金の79%なので、日本での感覚で、入場だけで1人15万円、2人で30万円、3人で45万円である。富裕層しか行けないのに大規模集客が必要で、採算割れ必至であった。それに対して、2016年開業の上海ディズニーは、物価が上がって、入場料8000円は上海市の最低賃金の23%なので、日本円で3.8万円、2人で7.6万円となる。上位の中間層ならば可能な金額となり、上位の中間層は増えていた。各国の国民の海外旅行も活発になり、インバウンド需要も増えた。2002年のUS上海は物価が上がるのを待てば実現できた可能性がある。ただし、物価が上がれば地価、資材、人件費なども上がるため、やはり簡単ではない。

表1：US上海と上海ディズニーの入場料を東京都の最低賃金で換算

	開業年	上海市の最低賃金	入場料	最低賃金比率	日本円換算
US上海	2002	635元（7,620円）	500元（6000円）	約79%	15万円
上海ディズニー	2016	2190元（3.5万円）	499元（8000円）	約23%	3.8万円

＊数値は小数点以下1位まで、およその計算。

＊物価を最低賃金に占める入場料金の比率で計算。他にも物価算出方法はある。

第Ⅱ部　ユニバーサル・スタジオ

　米テーマパーク大手、ユニバーサル・スタジオは国際展開を推進している。前著 (2014b)『ユニバーサル・スタジオの国際展開戦略』で、ユニバーサル・スタジオを経営する企業は謎のベールに包まれていると述べた。TDR を運営するオリエンタルランドは東京証券取引所プライム（旧・第一部）に上場し、有価証券報告書と公式サイトで詳細に情報公開している。元従業員の書籍も多い。オープンなオリエンタルランドと違いユニバーサル・スタジオはクローズドな会社である。ここでは、US 上海、ユニバーサル・スタジオ・ソウル、ユニバーサル・スタジオ北京（US 北京）について考察する。

米ユニバーサル社の概要

　ユニバーサル・スタジオを経営する企業は米 NBC ユニバーサルである。NBC ユニバーサルはアメリカのエンターテイメント、ニュース、情報等の巨大コングロマリット企業である。NBC は米三大ネットワークの一社で、ユニバーサルと合併した。NBC ユニバーサルはコムキャスト（Comcast）コーポレーションの子会社である。NBC ユニバーサルのテーマパークとリゾート事業を担うのは、ユニバーサル・パークス・アンド・リゾーツ（Universal Parks & Resorts：以降、米ユニバーサル社）である[113]。

　1915 年、ドイツからの移民のカール・レムルは養鶏場跡地に「ユニバーサル®」という映画撮影所を開設した。撮影所を訪れた客（入場料 25 セント）は、スタジオから提供されるお弁当を食べ、野外観覧席に座って、サイレント映画がつくられる様子を見学した。それまで関係者以外に閉ざされていた映画撮影の舞台裏が初めて一般に公開された。これはハリウッドの歴史を大きく変える出来事だった。これこそが映画のテーマパーク化の原点となった。1964 年に「ユニバーサル・スタジオ・ハリウッド®」は世界最大の映画テレビ撮影所の中心地にオープンし、オリジナル映画やテレビをベースとしたライブ・エンターテインメントを提供した。これまでに 1 億人以上の客がユニバーサルの撮影セットに来場した。1990 年にユニバーサル・スタジオ・フロリダ®が、1999 年にその隣接地にフロリダ第 2 パーク「アイランズ・オブ・アドベンチャー™」が開業した。2001 年に大阪に USJ が、2011 年にユニバーサル・スタジオ・シンガポールが、2021 年に US 北京が開業した[114]。

[113] NBCUniversal「About NBCUniversal」2023 年 1 月 12 日アクセス
https://www.nbcuniversal.com/about
[114] ㈱ユー・エス・ジェイ「沿革」2023 年 1 月 12 日アクセス

第3章　ユニバーサル・スタジオ上海の計画中止

1.はじめに

　本章では、ユニバーサル・スタジオ上海（以降 US 上海）の計画立案から計画中止までの経緯を考察する。US 上海の計画は 2002 年 12 月に発表され、2004 年 9 月に中止された。

2.計画の浮上

　2002 年 12 月、米ユニバーサル社は上海市に進出する方針を固めた。国際空港や高級ホテルの建設が進む浦東地区での開業を目指す。当時上海は 2010 年の万国博覧会開催が決まり、大型テーマパーク誘致に成功すれば経済成長が加速する。開業時期は上海万博（2010 年）や北京五輪（2008 年）との相乗効果を狙える 2008 年前後になるとみられた。米ユニバーサル社は北京への進出も検討していた[115]。

　そして米ユニバーサル社は、上海市の浦東地区で大阪市の USJ と同様の施設を 2006 年に開業すると決定した。開業初年度 800 万人の来場を見込む。進出先は黄浦江の沿岸で、2010 年開催の上海万博会場の南に位置する三林地区で、開業当初の面積は 0.85 ㎢、投資規模は未定、米ユニバーサル社の出資比率は 25％以上の計画であった。運営する合弁会社を、ホテル大手の錦江集団や外高橋保税区の関連企業と設けることで合意した。プロジェクトは中央政府の認可を待つ段階で、上海政府が認可取得を全面的に支援していた。米ユニバーサル社は北京市ともユニバーサル・スタジオ開設を交渉していた。同社幹部は「将来は上海以外でも開業する可能性はあるが、当面は上海の成功に全力をあげる」とコメントした[116]。

3.計画中止

　2004 年 7 月、US 上海の開業延期の公算が大きくなったと報道された。景気過熱の抑制を目指す中央政府が大型投資案件の着工承認を遅らせているためである。上海の他の大型案件へ波及する可能性もあった。建設予定地となる浦東地区当局は日本経済新聞の記者に「ユニバーサル・スタジオ進出は中央政府が審査中」「承認はいつ下りるか分からない」とコメントした。開業準備にあたる上海環球影城公園は「何も申し上げられない」とコメントした。

---

https://www.usj.co.jp/company/about/history.html
[115] 2002/12/07 日本経済新聞　朝刊 9 頁「米ユニバーサル・スタジオ、上海進出、合弁設立へ。」
[116] 2002/12/10 日経産業新聞 10 頁「上海にもユニバーサル・スタジオ、2006 年に浦東で開業。」

ユニバーサル・スタジオ以外にも上海での大型投資に中央政府の不認可の可能性があった。有力経済紙、21世紀経済報道などによると、上海中心部と長江河口の崇明島を結ぶトンネル建設や関連事業、深水港の第二期工事なども対象に挙がっていた。中国政府は過剰な固定資産投資が景気過熱を招いたと、融資や大型投資案件の見直しを進めていた[117]。

　そして2004年9月、米ユニバーサル社が上海進出を断念したことを認めた。上海市新聞弁公室はUS上海の計画について「プロジェクトの土地は上海政府が重点的に企画・管理しており、今後浦東新区の管理下に置く」と発表した。関係筋によると、米ユニバーサル社が事業計画で入場料を500元（約6000円）前後という高額に設定し、当局は「上海市の最低賃金に相当する水準で一般客が入場できない」と難色を示した。条件の詰めが遅れて事業が認可されず、さらに資材が高騰して建設コストが上昇、計画通りに開業できなくなった[118]。

　ある関係筋は「計画自体が無理だった。事業主は入場料を一人600元（約7800円）弱として申請していた」「いくら上海市民が裕福でも何人が行けるのか。上海政府も計画の甘さを懸念していた」とコメントした。2004年当時の上海の最低賃金は635元であった。2010年の上海万博までは高水準の成長が続く「上海ドリーム」で企業は様々な夢を見た。しかし限度を超えた妄想には政府も市民も否定的であった[119]。

　つまり景気が加熱しすぎて、実体経済とかけ離れていた。日本のバブル期のテーマパークブーム（1987-1991年頃）と似ていて、非現実的な計画が先行し、実体経済が伴っていないようである。

4.まとめ

　本章では、US上海の計画から中止までの経緯を考察し、次の点を明らかにした。

　第1に、米ユニバーサル社はUS上海を企画し、国際空港や高級ホテル建設が進む浦東地区に、上海万博や北京五輪との相乗効果を狙える2008年前後に、初年度800万人規模のUS上海を目指していた。年間800万人を呼ぶためには大規模な箱を作る必要があり、ハイリスクとなる。テーマパーク事業では、ハイリスクは必ずしもハイリターンではない。

---

[117] 2004/07/20 日本経済新聞　朝刊7頁「ユニバーサル・スタジオ上海、開業延期の公算、引き締め影響。」

[118] 2004/09/25 日本経済新聞　朝刊9頁「ユニバーサル・スタジオ、上海に進出せず——市政府認める。」

[119] 2004/07/29 日経産業新聞 32頁「上海が見た甘い夢（眼光紙背）」

第2に、米ユニバーサル社は運営する合弁会社をホテル大手の錦江集団などと設ける計画だった。中国市場に詳しくない米ユニバーサル社は、現地企業との提携で有利に展開することができる。質の高い提携企業を獲得できるかが事業の明暗を分けるだろう。

　第3に、US上海計画中止の主要因は次の2点である。①富裕層しか対象にできない高額な入場料、②中央政府の景気過熱抑制策である。

　第4に、US上海の入場料を2004年の物価で500元（約6000円）という高額に設定していた。それは上海市の最低賃金（635元）に相当する水準で、中間層が入場できない。富裕層しか入場できないならば客単価を上げる悪循環である。中国は商圏の人口を満たすことはできるが、まだまだ日米欧に比べて物価安で、中間層が薄く、中間層に支払い可能な金額は低額である。

　第5に、2002年当時、北京五輪と上海万博が決まり、景気が加熱していた。景気過熱の抑制を図る中央政府が大型投資案件の着工承認を遅らせていた。2010年の上海万博までは高成長が続く「上海ドリーム」で、企業は様々な夢を見て、現実性の無い妄想のような計画が多数出ていた。

　つまりUS上海計画はバブル期の「ドタバタ劇」であった。日本のバブル期の観光開発ラッシュと似ている。バブル景気に乗ったテーマパーク事業参入は危険である。建設資材、地価、建設作業員の人件費、輸送費など全て高額になっている。それを回収するために、上海の最低賃金とほぼ同額の入場料となる。安易な計画で開業し、閉園に追い込まれ、膨大な借金が残るケースが多いことから、US上海は見送って正解だった。実体経済と物価が一致してから再検討するのが賢い。筆者はこの一連の出来事を「US上海狂騒曲」と名付ける。

　本章の限界は、米ユニバーサル社が非公開企業で、情報公開しておらず、ここまでしか情報が無いことである。

番外編　ユニバーサル・スタジオ・ソウル計画中止

1.はじめに

　大規模テーマパークは巨額の資金が必要なのでマスコミ発表後に中止になるケースが多い。ユニバーサル・スタジオ・ソウル（以降 US ソウル）もマスコミ発表後に計画中止になった。

　本編では、US ソウルの計画から中止までの経緯を考察する。本書は「中国編」であるが、中国と韓国は地理的に近いため、番外編とする。

2.US ソウル計画上の問題点
京畿道知事が米ユニバーサル社副社長に US ソウルを誘致

　2007 年 10 月、金文洙・京畿道知事（以降、金知事）は米国視察でロサンゼルスのユニバーサル・スタジオ・ハリウッド（US ハリウッド）を訪問した。金知事は米**ユニバーサル・パークス&リゾーツ**（以降、米ユニバーサル社）のピーター・ワン副社長に会って、韓国京畿道にユニバーサル・スタジオを誘致したい意向を伝えた。1 ヶ月後、ソウルの三成洞のインターコンチネンタルホテルでユニバーサル・スタジオ・コリアリゾート（USKR）了解覚書署名式が盛大に行われた。US ソウルの独占事業権を持つ USK プロパティ・ホールディングス㈱とポスコ建設、新韓銀行、韓国産業銀行、韓国投資証券などでコンソーシアムを結成し、京畿道と水資源公社がパートナーになった。金知事らは「2012 年に完全開業を目指して京畿道華成（ファソン）の松山グリーンシティ内に約 470 万㎡（約 140 万坪）のテーマパーク、ウォーターパーク、ショッピングセンター、ホテルなどを助成する」との計画を発表した。総事業費 3 兆ウォン（約 3000 億円）規模でコンソーシアム企業の出資、プロジェクトファイナンス[120]などを通じて調達する。しかしその 6 年後の 2013 年 7 月、金知事は「US ソウル誘致が中止になる一歩手前」という内容のコラムを中央週刊誌に寄稿した。コラムには、米国外では日本に次いで 2 番目に US シンガポールを開業させたシンガポールへの羨ましさが込められていた。韓国のように誘致を始めたシンガポールは 2011 年に US シンガポールを開業し、年間入場者 350 万人を得ている。水資源公社が国有地である始華湖の埋立地の地価を少しでも高くしようと駆け引きをしている間に、シンガポール政府はセントーサ島の土

---

[120] プロジェクトファイナンス：その事業を担保に資金を借りること。石油等の発掘に用いられることが多い。大阪の USJ がこれで融資を受けた。

地を60年間無償提供した。上海はディズニーに土地を100年間無償で貸し、現金1兆ウォン（約1000億円）を支援した。結局、米ユニバーサル社はソウルではなく、北京での開業を目指し始めた[121]。

地主の水資源公社と用地価格を巡る対立

　2011年に水資源公社とUSKRは地代5040億ウォン（約504億円）で合意した。しかしUSKRが1500億ウォンほどの一部地代の納付期限である2012年9月までに支払わなかったので、その合意が帳消しになった。地価を3000億ウォン（約300億円）台に引き下げてほしいというロッテの要求を水資源公社が受け入れなかったからである。これに対して、水資源公社関係者は「ロッテが公式に地価引き下げ要求をしたことはない。私たちももどかしい状況」「地価引き下げは特恵と批判される」「土地売却の先決条件として、米ユニバーサル社とのライセンス本契約完了、外資誘致などがあるが、ロッテがこれを満たしていないと聞いている」とコメントした。これに関して、ロッテ資産開発は「回答できない」とコメントした。一方、京畿道関係者は「ロッテが最近の税務調査などでしばらく事業を保留しているが、このプロジェクトを継続するという基本的な立場に変わりない」「2011年の地価を評価する際にコンドミニアムやコマーシャルペーパー用の敷地がかなりの部分入っていたが、現在の土地利用計画は全て抜けていたので、再度鑑定評価する必要がある」とコメントした。

　事業推進の足枷である土地問題を売却ではなく賃貸などの方法で解消することはできないのか。シンガポール政府はUSシンガポールの敷地を60年間、低利で賃貸している。香港政府はディズニーランドを誘致し、米ディズニー社の株式保有率57%、香港政府43%で合弁会社を設立し、土地を50年間賃貸した（50年追加延長可能）。韓国内の不動産開発プロジェクトの土地問題を賃貸という方法で解決した代表的な事例が、ソウル市汝矣島の国際金融センター（IFC）である。ソウル市はAIGグループの3.3万㎡の敷地を毎年公示地価の1%を使用料として受け取ることにして99年間貸し出している。USソウルプロジェクト関係者は「土地の費用を取り返してくれる施設が分譲可能なコンドミニアムやゴルフ場などであるが、現状ではこれが全く無く、非常に負担になるのは事実」「土地のリースの話は、水資源

[121] 2013/08/22 新東亜新聞「ユニバーサル・スタジオ・ソウル・プロジェクト、進展なく霧散の危機①」2013年11月1日アクセス
http://shindonga.donga.com/docs/magazine/shin/2013/08/22/201308220500006/201308220500006_1.html

公社との交渉初期に少し出ていたが、無かったことになった。今でもレンタルや水資源公社が土地を現物出資する場合、事業者の立場では非常に喜ばしいこと」と話した。

　USKRに入る巨額資金は総事業費5兆ウォン（約**5000億円**）だけではない。テーマパーク事業は常に追加投資する。韓国人の娯楽文化費指数は引き続き上昇傾向にある。韓国内テーマパークの入場者数は2002年に最高値を記録した後、減少を続けているのは追加投資不足で客が飽きているからだろう。米フロリダ州のユニバーサル・オーランド・リゾートは2010年に来場者が前年比68%増加した。それは新規オープンしたハリー・ポッターエリアの効果による。このハリー・ポッターエリア建設に5億ドル（約500億円）かけた。韓国レジャー産業研究所が毎年発行する『レジャー白書』によると、テーマパークはオープンの3年後から入場者数が減少し始める。シム・ヨンソプ韓国観光研究院観光政策研究室長は「テーマパークの客は2回行っても3回行かない」「そのため大規模な再投資をすべき」と述べた。**朴槿恵政権がUSソウル誘致を公約**事業に採択し、京畿道が特別専門チームを置いてしがみつく理由は、雇用創出と観光産業の活性化など地域経済への波及効果である。京畿道は「波及効果の分析の結果、安山市・始興市などの近隣地域が優先的に選ばれる傾向にあるが、全国的にも年間10兆ウォン（約1兆円）以上の波及効果が現れることが分かった」という。直接雇用1.1万人と予想される。ジュ・ヨンミン・サムスン経済研究所首席研究員は「テーマパーク自体は大規模な資本を必要として収益性が落ちても波及効果を合わせれば地域経済を活性化できる」「既存のテーマパークも被害を受けるというより、競争が触発されて市場自体が大きくなる」と予想した。2015年に上海ディズニーが開業したら、香港、上海、東京にディズニーランドが、大阪とシンガポールにユニバーサル・スタジオがある。近隣地域で国際的なテーマパーク競争が激化する[122]。

USソウルはコンテンツ事業ではなく不動産事業として着手

　USソウルができると京畿道内に年間外国人観光客が100万人増加し、韓国滞在期間も1－2日長くなると期待できる。韓国人の海外旅行需要を代替する効果もある。京畿道関係者は「我々はすでに京畿道、驪州市と坡州市でアウトレットができてから韓国人の香港へのショッピング旅行が大幅に減ったことを確認している」と述べた。シム室長は「USソウルが

難航している理由は**コンテンツ事業**ではなく**不動産事業**として着手したという点にもある」

「テーマパーク事業の中核はコンテンツと高度なサービス業のノウハウである。不動産ではなく人間に対する理解が優先である」と述べた。ギム・ヨンゴン江南経営学科教授は韓国観光公社に寄稿した「香港ディズニーランド誘致事例」から「過去の製造業の育成戦略をベンチマークして、先進国企業との提携で技術移転、経済波及効果、ブランド効果を同時に獲得しながら競争力を確保する必要がある」と述べた。

　金知事は「霧散になる一歩手前」という過激な表現を使ったが、このプロジェクトに関与する誰も霧散を望んでいない。**ロッテ**と**権力争い**をしている水資源公社さえ、ロッテの代わりの事業者を見つけられない。開業目標を 2018 年に修正した US ソウルプロジェクトは雇用創出と観光産業活性化を主な課題に設定した朴槿恵政権下で成功するか注目されていた。関係者は「低金利融資、破格での土地提供など、政府の潤沢なサポートがなければ、このプロジェクトは、しないのではなく、できないだろう」とコメントした[123]。

2013 年 7 月 26 日の朝鮮日報寄稿
金知事のコラム「仕事を作るために邪魔はしないで下さい」

　金知事は新聞に掲載したコラム[124]で、「憂慮する心で書いた。プロジェクトが孤立している状況ではない」「地価高騰と政府支援の弱さから厳しい状況」と述べた。US ソウルは**朴槿恵大統領**の**選挙公約**で、地方の公約マニフェスト 167 項目の公約事業の一つである。

　米ユニバーサル社が有する複数の部門の一つがユニバーサル・スタジオというテーマパークである。この部門の売上高はケーブル・ネットワーク、TV 放送、映画部門に続いて 4 番目の規模である。2012 年の同社総売上高 240 億ドルのうち、約 9%に相当する 21 億ドル（約 2.3 兆ウォン）がテーマパーク部門の売上である。同社はロサンゼルスのユニバーサル・シティとフロリダ州オーランドでユニバーサル・スタジオを運営する。海外事業はライセンス提供で、2001 年に日本、2011 年にシンガポールに進出した。ブランドと知的財産権の使用権や運営ノウハウを提供し、ライセンス料を受けるビジネスモデルである。

---

[123] 2013/08/22 新東亜新聞「ユニバーサル・スタジオ・ソウル・プロジェクト、進展なく霧散の危機③」2013 年 11 月 1 日アクセス
http://shindonga.donga.com/docs/magazine/shin/2013/08/22/201308220500006/20130822050000
6_3.html
[124] 2013/08/22 新東亜新聞「ユニバーサル・スタジオ・ソウル・プロジェクト、進展なく霧散の危機①」2013 年 11 月 1 日アクセス
http://shindonga.donga.com/docs/magazine/shin/2013/08/22/201308220500006/20130822050000
6_1.html

このプロジェクトの韓国内コンソーシアムは2008年12月に㈱ユニバーサル・スタジオ・コリアリゾート開発（USKR）を設立した。翌2009年、このプロジェクトにロッテグループが参入した。ロッテグループはエバーランドに次いで韓国2位のテーマパーク、ロッテワールドを運営する㈱ホテルロッテとグループ内のショッピングモール、リゾートなどの開発・運営を担当している㈱ロッテ資産開発を通じて USKR に出資した。2012年末の時点でUSKR の**資本金**は388億ウォン（約**39億円**）である。持分比率はホテルロッテ45.1%、ロッテ資産開発19.7%、ポスコ建設11.2%、双竜建設5.6%、USK プロパティ・ホールディングス5.2%、韓国投資証券3.9%などである。筆頭株主はホテルロッテであるが、<u>**ロッテ資産開発**</u>が事業主体である。プロジェクト署名当時、参加した産業銀行と新韓銀行は経営難に陥っている。地価高騰を賃貸で解決できないのだろうか。

このプロジェクトが難航したのは、プロジェクト計画後すぐに陥った世界的金融危機と不動産景気低迷の影響が大きい。通常の不動産開発事業と同様、このプロジェクトもプロジェクトファイナンスと不動産分譲で資金を確保しようとしたが、市場環境により両方難しくなった。景気低迷で韓国内のコンドミニアム市場やゴルフ場分譲市場は非常に困難な状況である。特にコンドミニアムの場合、2008年11月観光振興法改正で2人以上の会員を募集する分譲許可が5人以上に強化された。夫婦がそれぞれ会員権を購入して一室を事実上、個々の所有とすることも禁止された。このようにコンドミニアム分譲規制が強化されたのは、当時のコンドミニアム許可を受け、アパートに分譲する便法行為が行われたからである。

2013年3月、市場の停滞と規制強化に USKR は分譲を完全に放棄する方向に変更した。30万坪（約99万㎡）規模のゴルフ場はパブリックゴルフ場として造り、コンドミニアムの代わりに需要が増えているオートキャンプ場や青少年修練施設、映画撮影所を入れることにした。京畿道関係者は「現在の市場環境ではコンドミニアムを分譲したところで建築費も回収できない」「分譲するアイテムがゼロとなり、5兆ウォン（約5000億円）の回収がさらに遠のいた」とコメントした。

US ソウルは、水資源公社が始華湖を埋め立てしてできた松山グリーンシティ内に建設される予定である。松山グリーンシティは合計55.9㎢規模の**資源循環型エコ都市**として開発される予定である。水資源公社はその一部にテーマパークを中心とした観光団地を造成する計画でUSKR と交渉していた。

4.US ソウル中止決定

2013年10月23日、京畿道華成の US ソウル計画が事実上消滅したと発表された。

ロッテ資産開発の関係者は同月22日、「地主である水資源公社に土地代金を5000億ウォンから3000億ウォンに値下げしてほしいと要求したが、反応がない」「今の条件では事業を推進できない。この状態で続けるとロッテが資金難に陥る可能性がある」と明かした。これに対し、水資源公社のガン・ソングィ部長は「法律上、契約が2012年9月30日をもって失効した」とコメントした。USKR開発が2011年6月に水資源公社の地代5040億ウォン（約504億円）のうち1500億ウォン（150億円）を2012年9月30日までに支払うことに合意したが、実際支払わなかった。ガン部長は「事業者が事業を継続推進する意思があれば、それに合わせた事業計画書を出して米ユニバーサル社と本契約を締結し、総事業費の10%に相当する外資誘致の条件を満たすよう努力するべきなのに、ロッテはその努力をしなかった」「当社は今でも資金力と意志が正当な事業者が出た場合、積極的に事業に乗り出す」とコメントした。

　米ユニバーサル社は韓国をあきらめ、中国進出を検討しているという。京畿道関係者は「米ユニバーサル社のトーマス・ウィリアムズ会長が2013年7月頃、**USソウルの最大株主であるロッテ**の経営陣に会って事業が数年も遅れるなら、北京への進出を検討していると伝えたと聞いている」と明かした。しかしロッテ関係者は「韓国の事業環境（不動産景気低迷など）を理由に待ってくれないかとウィリアムズ会長と論議したことはある。しかし具体的な内容は確認できなかった」とコメントした。

　USソウルを放棄すれば、事業主体が米ユニバーサル社に払ったとされるユニバーサル・スタジオの**名称韓国内独占使用権料**165億ウォン（約**16.5億円**）を返してもらうのは難しい。結局USソウルはロッテ観光開発が推進し、うやむやになったフォーチュン・エコ・デザイン・シティ造成事業の二の舞になるのではないかと懸念された[125]。

5.発見事項と考察

　本編では、USソウルの計画から中止までの経緯を考察し、次の点を明らかにした。

　第1に、USソウル計画の主要プレイヤーは、①米NBCユニバーサルの子会社ユニバーサル・パークス&リゾーツ（本書で米ユニバーサル社と記載）、②ロッテと傘下のロッテ資源開発、③用地の地主である水資源公社、④地方自治体の京畿道とその金知事、⑤中央政府の朴槿恵政権である。このように多くの企業や行政が関わって複雑であった。

---

[125] 2013/10/23 ソウル新聞「華成（ファソン）ユニバーサル・スタジオ事実上解散」2013年11月1日アクセス　http://www.seoul.co.kr/news/newsView.php?id=20131023012014

第2に、米ユニバーサル社が著作権を握っており、ユニバーサル・スタジオの名称韓国内独占使用権料を支払うことで US ソウルという名称が成立する。それに 165 億ウォン（約16.5 億円）を支払ったことが明らかになった。米ディズニー社も米ユニバーサル社も著作権使用料の具体的な金額はほとんど明かさない。

　第3に、朴槿恵大統領は選挙で US ソウル誘致を公約に掲げた。朴政権では雇用創出と観光産業の活性化が主な課題に設定されていた。テーマパーク事業は、観光業、サービス業、ホスピタリティ産業で、なおかつコンテンツ事業でもある。同プロジェクトは不動産開発事業として推進されたことが、失敗要因の一つと指摘されている。箱だけを作ると「仏作って魂入れず」になりやすい。日本のバブル期には、税金を投じて箱を作っただけで開業後に不人気テーマパークとなった「箱モノ行政」が多発した（中島, 2022a）。

　第4に、US ソウル計画は世界同時好況の 2007 年に発案され、推進し始めてすぐにリーマンショック（2008 年 10 月）と世界同時不況が押し寄せた。タイミングも悪かった。しかし US シンガポールは 2011 年に開業した。US ソウル計画中止は世界同時不況だけが原因ではない。

　第5に、US ソウル計画の中止理由は、①ロッテグループの資金難、②地主の水資源公社が値下げに応じず用地を高く売ろうとしたこと、③京畿道や韓国政府が資金援助しなかったこと、④米ユニバーサル社が著作権使用料などを割り引かなかったことなどが重なった。つまり全てのプレイヤーが**自社の利益**を主張し、譲歩しなかったのであろう。

　第6に、京畿道と水資源公社がパートナーとなったのに、パートナーシップが機能しなかったようである。金知事は US ハリウッドを視察して誘致を申し込んだということは、US ソウル計画の意欲的なリーダーだったはずである。朴政権は公約に US ソウル誘致を掲げ、観光業で経済活性化することを課題としていたのに、この課題はどうなったのか。銀行等も合わせてコンソーシアムを結成したのに、他社は誰も強力なリーダーとして推進しなかったのか。用地と地代支払いについて揉めただけである。

　第7に、US ソウルは、水資源公社が始華湖を埋め立てしてできた松山グリーンシティ内に建設される予定で、それは大規模な**資源循環型エコ都市**で、その一部に US ソウルを中心とした観光団地を計画していた。ドバイなど中東のテーマパーク開発は大規模な都市開発、観光開発の一部であることが多い。US ソウルも単独のテーマパークではなく大規模開発の一部であった。さらに**環境保全**の意欲が高いプロジェクトであった。

　本編の限界は、ここまでしか情報が無いことである。失敗したプロジェクトについて詳細に情報公開する企業はほぼ無いため、ここまでしか分からない。

6.まとめ

　東京ディズニーランド（TDL）は、オリエンタルランド二代社長の高橋政知氏が強力なリーダーとしてプロジェクトを推進した。剛腕で豪快で強気で押しの強い人物であった。TDL設立は高橋氏のリーダーシップで強力に牽引されていったことを前著（2013c）『東京ディズニーリゾートの経営戦略』で明らかにした。<u>リーダーとなる中核人材の欠如</u>が、US ソウル計画中止の最大の要因ではないか。

　日本では、手塚治虫ワールド（神奈川県川崎市）の計画が中止になった。その理由は資金難と中核企業の欠如であった。神奈川県や川崎市に密着する地元企業が地元の政治家に誘われたから「中核企業にならないなら参加する」「お付き合いで参加する」という企業があったほどである（中島, 2013b）。

　米ユニバーサル社は、韓国の事情が分からないためリーダーになりにくい。英語と韓国語が堪能で、米韓事情に明るい韓国人を米ユニバーサル社が雇用し、プロジェクトリーダーに据えることはできただろう。US ソウル計画に強力なリーダーがいなかったということは、皆が他の中核人材や中核企業に乗っかるつもりだったのではないか。

　朴槿恵大統領はユニバーサル・スタジオ誘致を公約に掲げていた。しかしロッテ資産開発に全力で支援したとは報道されていない。つまり朴大統領とその政権、ロッテ本体、水資源公社、京畿道知事はロッテ資産開発の担当者に乗っかるつもりだったのではないか。実際の事業主体はロッテの子会社、ロッテ資産開発であった。ロッテ資産開発の US ソウル担当者はおそらく一介のサラリーマンである。その人はプレイング・マネジャーの中堅社員と推測できる。その人は「抜擢」という名目で上司に押し付けられたのではないか。親会社ロッテの担当者、京畿道知事と役人、水資源公社の担当者が「US ソウルはどうなっているのか」とその人をつつく。朴大統領と政府関係者も「どうなっているのか」とその人をつつく。直属の上司から「どうなっているのか」と聞かれる。US ソウル計画で最も弱い立場の人に大勢が乗っかったと推測できる。その人の心労ははかり知れない。この人がよほど強気で豪快でなければ耐えられないだろう。

　その点、TDL 設立を強引に推進した高橋氏は強気で剛腕で批判に動じなかった。高橋氏は第二次世帯大戦中、徴兵されて激戦地ラバウルで鍛えられ、強くなったのだろう。US ソウル中止の経緯を調べる中で、高橋氏の偉大さに気づいた。ハウステンボス（長崎県）の創業者長とシーガイア（宮崎県）の創業社長も、豪快で剛腕で強気で大勢をまとめて牽引していくリーダーであった。実際にリーダーとして主導権を握る人材にテーマパークの立ち上げはかかっている。

しかしテーマパーク事業は大企業の多角化がほとんどであるため、中堅社員が担当者になるケースが多いだろう。テーマパーク立ち上げに成功するためには、①リーダーとなる人材にできるだけ権限委譲する、②精神的に打たれ強く、豪快で強気な人を選ぶ必要がある。弱気な人、権力者に悪く思われたらどうしようと怯える人には不可能なミッションである。

謝辞

　筆者がこのニュースを知った 2013 年 11 月 1 日に日経テレコンで検索したら、日本で何も報道されていなかった。その日、韓国釜山の S 大学から大阪観光大学（前任校）に短期交換留学生 2 名が来ていて、その 2 名が「US ソウルの計画はなくなりました」と言い、iPhone で当該サイトを見せてくれた。しかし韓国語サイトしか無かった。筆者は、韓国語はできない。そこで同大学 4 年生の韓国人留学生に翻訳を依頼し、訳してもらった。彼ら 3 名の韓国人留学生のおかげで本編が生まれた。ここに厚く御礼申し上げる。彼らがいなかったら US ソウルについて何も分からなかった。

第4章　ユニバーサル・スタジオ北京

1.はじめに

　2021年9月にユニバーサル・スタジオ北京（US北京）は華々しく開業し、チケットが3分で完売するという人気であった[126]。US北京の公式サイト（英語版）を見ると、企業情報「About Us[127]」に「テーマランド」「シティウォーク」「ホテル」の3項目があるのみで、企業情報が書かれていない。企業名すら不明である。公式サイトは英語と中国語の2ヶ国語のみで、日本語は無い。既述のようにユニバーサル・スタジオは秘密のベールに包まれている。

　本章では、US北京の企画から開業、その後の経緯を考察する。研究方法は日経新聞を中心とした新聞、Webメディア等からの情報収集で全体像をつかむことを試みる。

2.US北京の企画から現在までの経緯
北京市が米ユニバーサル社と調印

　2015年9月、US北京プロジェクトの合弁協議調印式が米ユニバーサル社のニューヨーク本部で行われ、北京市の李士祥・常務副市長が出席した、と京華時報が伝えた。その建設予定地は通州文化観光区に位置し、通州区梨園鎮、張家湾鎮、台湖鎮の3つの鎮が交わる地点に位置する。敷地面積4平方キロメートル、中心部の敷地面積1.2平方キロメートル、その周辺の敷地面積は2.8平方キロメートルに及ぶ。総建築面積は約202万平方メートルで、このうち中心部の建築面積は約79万平方メートルである。US北京は北京首賔文化旅游投資有限公司と米ユニバーサル社の合弁で建設される。US北京の敷地面積は大阪のUSJの2倍、ユニバーサル・スタジオ・シンガポール（USシンガポール）の5倍に相当する。周辺の2.8平方キロメートルに及ぶリゾート全体を含めると、USシンガポールの16倍、アメリカ本土の2つのそれも超えて世界最大規模となる。第一期工事は5年の計画で2019年開園を目指す。第二期工事でその他のテーマパークやホテルなどを完成させる。投資総額約500億元（約

---

[126] 2021/09/21 REUTERS「北京でユニバーサル・スタジオ開業、米中対立でもチケット即完売」2023年1月1日アクセス https://jp.reuters.com/article/universal-studios-china-idJPKBN2GH01V
[127] Universal Beijing Resort「About Us」2022年9月24日アクセス
https://www.universalbeijingresort.com/en/ubr-introduction?intro-tab=themepark

9450億円：1元=約18.9円）で、うち中心部に約215億元が投資される。設計はスティーブン・スピルバーグ監督[128]が担当する。ショッピングやホテル、レストラン、娯楽施設などを集めたユニバーサル・スタジオ・ストリートも建設する。さらに世界初のユニバーサル・テーマリゾートホテルも建設する[129]。

アリババと提携しデジタル化

2019年10月、US北京は阿里巴巴（アリババ）集団との戦略的提携で「支付宝（アリペイ）」「飛豚（フリジー）」「口碑（コウベイ）」「天猫（Tモール）」などを利用する、と複数メディアが伝えた。US北京の客は旅行サイト「飛豚」を通じて入場券やホテル予約が可能になる。決済サービス「支付宝」の利用者は顔認証機能で入場や買い物、食事ができる。この頃、中国ではテーマパーク投資ブームが再来していた。観光業界向け情報ベンダーの旅界伝媒科技（北京）有限公司の試算によれば、すでに開業済み、または開業予定のテーマパーク**35ヶ所**に関し、2019年は通年で総額4500億元（約**7兆円**）が投じられる見込みである。1ヶ所当たり**平均129億元**の規模に達し、過去20年の平均をはるかに上回る[130]。

2020年11月にUS北京が開園日などのチケット購入優先権を発売した時、11月1日の発売分はわずか1分間で売り切れた、と北京青年報が伝えた[131]。

電力公司がスマート充電棟を着工

2020年4月、国家電網北京市電力公司は中国最大規模となるスマート充電棟の建設工事をUS北京で着工した。同年11月の完成、稼働を目指し、新エネルギー自動車充電スタンド475基を設置する、と中国新聞網が伝えた。同プロジェクトは北京市電力公司が建設を請け負い、US北京の駐車場、複合商業施設「ユニバーサル・シティウォーク北京」、パーク一体型ホテルなど計6ヶ所に新エネルギー車用の集中充電ステーションを建設する。将来的には901基まで拡充する。史江凌・副総エンジニアによれば、US北京では新型交流充電スタ

---

128 スピルバーグ監督は作品のほとんどをユニバーサル映画で発表している。その作品がアトラクション化されている。例えば「ジョーズ」「E.T.」「ジュラシックパーク」等である。同監督にとって、テーマパークでコンテンツ化されることは、作品の二次利用、二次利益である。
129 2015/09/15 人民網「「経済」北京がユニバーサルスタジオの建設に調印　19年開園を目標」
130 2019/10/18 亜州IR 中国株ニュース「【統計】中国：北京「ユニバーサル・スタジオ」がアリババと提携、先端技術活用　中国」
131 2020/11/05 亜州リサーチ 中国株ニュース「【統計】来年開業のユニバ北京リゾート、チケット購入優先権は1分で完売　中国」

ンド861基、直流充電スタンド37基を整備し、新エネ観光バスや配車サービスの充電需要に対応するため、高出力充電スタンド3基を設置する[132]。

飲食店の許可証発行

2021年3月、中国紙・北京青年報によると、通州区市場監督管理局はUS北京に関し、第1陣となる「食品経営許可証」58枚を発行した。うち37枚は出店する飲食店、残る21枚は食品流通業者向けである。同局はUS北京専門チームを設け、開園準備を支援する[133]。

北京市と米ユニバーサル社の意向書から10年で開業

2021年5月、US北京は年間1200万～1500万人の来園を見込み、1.4万人規模の雇用創出を目指すと発表した。中国では所得向上に伴ってテーマパーク市場は毎年7%の成長が期待できる。商機をつかみたい米ユニバーサル社と消費拡大を狙う中国政府の思惑が一致した。習近平指導部は新型コロナウィルス流行で落ち込んだ経済を回復させるため消費拡大を優先する。2002年に北京市と米ユニバーサル社がテーマパークを建設する意向書を交わし、2014年に建設が決まった。中国メディアによると、2020年のテーマパークの市場規模は85億ドル（約9200億円）とされており、2027年までは毎年7%の成長が見込まれる[134]。

世界的な都市環境の性能で高評価を獲得

2021年5月、中国紙、北京日報によると、US北京が建築や都市環境の世界的な性能評価システムである「LEED」（エネルギーと環境設計におけるリーダーシップ）で4段階の上から2番目に当たる「ゴールド」認証を取得した。世界で初めて同認証を取得したテーマパークになった。US北京は園内に170ヘクタールを超える緑地を整備したことや、年間27億リットルの水の循環利用、太陽光発電などによる二酸化炭素排出量の抑制が評価された[135]。

---

[132] 2020/04/20 亜州リサーチ 中国株ニュース「【統計】中国：北京「ユニバーサル・スタジオ」、スマート充電棟が着工　中国」
[133] 2021/03/08 アジアビジネス情報（時事通信）「ユニバーサル北京出店の飲食店に許可証＝5月開園へ着々」
[134] 2021/05/07 日経MJ（流通新聞）8頁「「ユニバーサル北京」封切り間近、「ハリポタ」など7エリア、雇用・消費へ刺激、政府も期待。」
[135] 2021/05/10 アジアビジネス情報（時事通信）「ユニバーサル北京、LEEDのゴールド認証取得＝省エネ・環境設計を評価」

開業前に招待客を入れて訓練、転売業者が拘留

　2021 年 8 月、中国紙、北京晩報によると、US 北京で招待客を入れたストレステストが始まった。テストの最重点項目は新型コロナ対策である。大量の入場者の健康状態を迅速に確認するため、園内に体温検査 20 ヶ所、身分証明書と健康状態を同時にチェックできる端末 80 台などが設置された。US 北京は当初 5 月の開園を予定していたが、開園時期は発表されていない。これまでに従業員を対象にした試験営業で延べ 20 万人を受け入れ、39.5 万食を提供した。8 月の招待客は建設に携わった会社の従業員やその家族らで、入場券の対外販売はしていない。通州区の警察は同月 21 日、インターネットでテストの「体験資格」を 1000 ～5000 元で販売していた男 4 人を行政拘留したと発表した[136]。

新型コロナ感染を抑え込みながら試験営業スタート

　2021 年 9 月 1 日、US 北京の試験営業が始まった。施設の稼働や利用客の状況を確認し、20 日に正式開業する。中国政府は US 北京の運営を認可し、新型コロナ感染を抑え込みながら、消費振興の両立をめざす。試験営業では招待客だけに制限し、入口でスマートフォンアプリで健康状態をチェックした[137]。

世界のユニバーサル・スタジオの中で割安な価格設定

　2021 年 9 月 20 日に US 北京の価格を北京商報が報じた。世界のユニバーサル・スタジオの価格を比べると、US 北京は US シンガポール（世界最安値、大人 81 シンガポールドル：約 6622 円）より高いが、US シンガポールの約 6 倍の広さである。価格変動制で、オフシーズン 418 元（約 7115 円）、通常シーズン 528 元（約 8987 円）、オンシーズン 638 元（約 1 万円）、特定の日 748 元（約 1.3 万円）である。購入後は有効な身分証明書と紐づけられ、本人しか使用できず、譲渡や転売はできない。園内での飲食は一人当たり約 100－200 元（約 1700～3400 円）を見込む。グッズ販売は、ハリーポッターの杖 349 元（約 5940 円）、ローブは 849 元（約 1.4 万円：USJ で約 1.4 万円）である。米 US フロリダの入場料は大人 109 ドル（約 1.2 万円）である。US 北京の入場料は USJ とほぼ同じである[138]。

---

[136] 2021/08/23 アジアビジネス情報（時事通信）「ユニバーサル北京でストレステスト＝コロナ対策を重点チェック」
[137] 2021/09/02 日本経済新聞　朝刊 10 頁「ユニバーサル北京、試験営業スタート、感染抑止と経済両立探る。」
[138] 2021/09/02 人民網「「社会・生活」「ユニバーサル・スタジオ・北京」の入場券価格が発表　各国と比較すると?」

250 以上の職種と月給

　観察者網は US 北京の各種スタッフの賃金を紹介した。US 北京ではパーク運営、IT など
の専門分野、パーク内の施設工事スタッフ、演出スタッフ、警備員など合計 250 を超える仕
事の求人がある。情報技術分野の例としてコールセンターや音声エンジニアを挙げ、約 5 年
以上の実務経験と流暢な英語が求められ、月収 2 万元（約 34 万円）で各種保険、専門研修、
ボーナスなどの福利厚生が充実している。建物のハード面の整備、維持を担当する空調管理
者や左官、背景画などを描く絵師などは月収 5000〜1 万元（約 7 万〜14 万円）、病害虫駆
除は月収 1.5 万元（約 25 万円）である。演出技術者、メイク担当者、パレードカーの運転
手、コック、コック助手などは月収 4500〜6000 元（約 7.7 万〜10.2 万円）程度である[139]。

北京市政府が US を選んだ理由

　2021 年 9 月、人民網によると、北京市がユニバーサル・スタジオを選んだ理由は次のよう
になっている。

　北京には多くの歴史的・文化的遺産があり、特に故宮、天壇、頤和園、八達嶺の万里の長
城、明の十三陵の 5 ヶ所が有名である。北京市文化・観光局の元副局長でユニバーサル・ス
タジオ準備処の元処長を務めた温子吉氏は「この 5 ヶ所は世界レベルの観光地だが、観光商
品に過ぎない。北京観光産業の発展という視点でみると、観光商品が画一的で、観光客数の
伸びが制約され、観光客の北京滞在が短くなり、3〜4 日くらいしか滞在しない」「調査研究
の結果、新しい観光商品の方向性は会議・エキシビションを兼ねた旅行、娯楽性のある旅行」
と述べた。2000 年から 2001 年に大々的な調査研究を行い、スタッフは世界の 10 大テーマ
パークについて調べた。その中には米国のディズニーランドとユニバーサル・スタジオ、韓
国のロッテワールド、フランスのフュテュロスコープ、ドイツのヨーロッパパークなどがあ
り、どのパークにも特徴があった。北京市は最も有名なユニバーサル・スタジオとディズニ
ーランドの 2 つに絞った。温氏は「北京を世界レベルの都市にするため導入するプロジェク
トに適したものではなければならない。このプロジェクトは北京の国際観光産業の発展を促
進する新コンテンツで、北京の観光商品のボリュームと釣り合うものでなければならず、必
然的に世界トップレベルのテーマパークとなる。つまりディズニーとユニバーサル・スタジ
オしか選択肢はなかった」と述べた。20 年ほど前、北京市が第三者調査会社に依頼して北京

---

[139] 2021/09/05 Record China「ユニバーサル・スタジオ・北京で仕事をしたらいくら稼げるのか—中
国メディア」

で調査したところ、子どもから中高年までほとんどがディズニーランドを知っていると答えた。ディズニーの中国での知名度はほぼ100%だった。しかしユニバーサル・スタジオを知っているかと聞くとほとんどの人が知らないと答えた。知名度の低いユニバーサル・スタジオを選んだのは様々な点を考慮してのことだった。温氏は「北京の気候的条件を考えた。北京の冬は寒い。ユニバーサル・スタジオは屋内のアトラクションがディズニーランドよりも多い。気候的にユニバーサル・スタジオの方が北京に合う。次にユニバーサル・スタジオはアトラクションの更新ペースが速く、ディズニーよりもテクノロジー感が高いと考えた。両者に特徴と優位性があるが、北京にとってはユニバーサル・スタジオの方がふさわしいということになった」と述べた。US北京があれば超大型テーマパークがないという中国北方観光市場の局面が打開される[140]。

中秋節の入場券10万枚が30分で完売

　2021年9月14日、US北京のスタジオパス（入場券）の販売が午前0時に始まった。ユニバーサル北京リゾート飛猪公式旗艦店によると、発売開始から30分で1デイ・スタジオパスが10万枚売れた。US北京のスタジオパス発売開始でその公式パートナーのプラットホームも大賑わいとなった。旅行サイト、去哪児では、発売開始1秒後に1枚目のスタジオパスが売れた。また同社アプリのUS北京のページアクセス回数が一気に20倍に増えた。発売開始から30分後に中秋節の3連休中のスタジオパスが完売し、エクスプレス・パス[141]も完売した。年齢層によって人気の入園日が異なることが分かった。去哪児によると、仕事や学校の休みの日を考慮すると中秋節と国慶節に合わせた連休や10月の週末などは子供を連れて遊びに行くのに適しているため、発売開始から30分以内にスタジオパスを購入した客のうち、80後（1980年代生まれ）や90後（90年代生まれ）などが朝から入園できる大人と子供の1デイ・スタジオパスを購入するケースが多かった。一方、95後（1995～1999年生まれ）の客の大半は10月と11月の月曜日から木曜日までのスタジオパスを購入した。95後はエクスプレス・パスなど付加的なサービスにも支出する。去哪児の統計によると、中秋節と国慶節に合わせた連休中のほとんどの日の「1デイ・エクスプレス・パス」が30分以内に完売した。エクスプレス・パスの購入者の大半が95後である。1回だけ使えるエクスプレ

---

[140] 2021/09/06 人民網「「経済」北京がユニバーサル・スタジオを選んだのはなぜか?」
[141] エクスプレス・パス：ディズニーのファストパスに相当する。ユニバーサル・スタジオは優先的に乗り物に乗るチケットを追加料金で販売している。

ス・パスの値段は 300−800 元（1 元＝約 17 円）、1 日使い放題の 1 デイ・エクスプレスパスの値段は 400−1000 元である[142]。

セレブリティ崇拝文化を締め付け

US 北京は米中関係が冷え込む中で開業する。中国当局は**セレブリティ崇拝文化**として締め付けを強めるなど、娯楽産業にも矛先を向けていた。ウォール・ストリート・ジャーナルは 2018 年に US 北京の建設費は推定 65 億ドル（約 **7100 億円**）と報じた[143]。

きらびやかな生活を見せびらかすようなアメリカ等のセレブリティは共産主義の精神と相反するから締め付けられるのだろう。

習近平政権との関係性

2021 年 9 月、US 北京は年間 1000 万人程度を集客し、1000 億元（約 1.7 兆億円）近い経済効果を見込んで開業した。米中が対立するも、中国での**ハリウッド人気**は根強い。中国政府は観光需要をテコに弱含む景気復調につなげたい。営業収入は年間 100 億元を見込む。順次エリアを拡充し、将来は年間入場者数を 3000 万人まで増やす計画である。US 北京は 1 万人以上、周辺の交通などを含めると 9 万人の雇用創出効果がある。米中対立が先鋭化する中、習近平指導部が米系テーマパークの開園を認めた理由は、減速感を強める景気のテコ入れである。中国では新型コロナ流行や原材料高、半導体不足などで工業生産も低調である。GDP の約 1 割とされる観光業を起爆剤に景気回復を狙う。習指導部は**芸能**や**教育**など若者の思想形成に影響力を持つ分野への介入を強めており、例えば、大連市にある京都の風景を再現した複合商業施設が営業停止に追い込まれた。しかし US 北京は別格で、US 北京の運営会社に北京市の国有企業が 7 割出資し、**政府が収益の多く**を握る仕組みである。また米企業にとって中国消費市場の取り込みは欠かせないため、ユニバーサルなど映画大手は中国政府を刺激しないコンテンツをつくる。その結果としての中国政府と米国企業の共存共栄策が US 北京である[144]。

---

[142] 2021/09/15 人民網「「経済」中秋節 3 連休のユニバーサル・スタジオ・北京のスタジオ・パスは一瞬で完売」

[143] 2021/09/17 ダウ・ジョーンズ米国企業ニュース「DJ－ユニバーサル北京、米中関係冷え込む中でオープンへ」

[144] 2021/09/21 日本経済新聞　朝刊 5 頁「「ユニバーサル・スタジオ北京」開業、中国、景気浮揚に期待。」

US 北京の投資額は5.5兆円超え

　US 北京の投資額は 500 億ドル（約 5.5 兆円）を超え、3 段階に分けて整備する。第 2 段階で中国の要素を取り入れたテーマパーク、第 3 段階でウォーターパークを整備する。大手総合証券会社の中信建投証券によると、US 北京は年間入場者数 1500 万〜2000 万人、客単価 1500 元（約 2.5 万円）以上、年間売上高 250 億〜300 億元（約 4236 億〜5083 億円）が見込まれている[145]。

　TDR[146]の客単価と比較して、客単価 2.5 万円以上は現在の北京の物価では不可能と思われる。TDR の客単価は 2010 年に初めて 1 万円を突破し、2019 年に約 1.1 万円、2021 年に約 1.4 万円である。宿泊費を 1 万円としても難しい。TDR ですら関東からの入場者が全体の 6 〜7 割である。US 北京の入場者も 6〜7 割が北京周辺住民となるのではないか。

オープン3時間でゴミだらけ

　2021 年 9 月、US 北京でオープンから 3 時間で「ハリー・ポッター」のホグワーツ城の周囲がごみだらけになった、と新聞晨報が伝えた。US 北京は同日正午のオープン予定だったが、長い行列ができたことなどから午前 11 時 10 分にオープンした。中でも人気のハリー・ポッターエリアに入場者が殺到した。現場を取材した新聞晨報の記者によると、開園 3 時間で地面にごみが散乱した。パンフレットや菓子の袋、ペットボトルなどが至るところに見られた[147]。

中国共産党機関紙が高評価

　2021 年 9 月、中国共産党機関紙、人民日報の系列紙である環球時報は、「米国をテーマにした話題が中国でこれほど明白かつ広範な称賛を集めたのは久しぶり」と伝えた[148]。

　US 北京は共産党の支持を得ているようである。資本主義の国では、テーマパークの成功に与党（自民党）の支持は関係ない。共産主義の国ならではである。

---

[145] 2021/09/21 CNS（China News Service）「ユニバーサル北京めぐり警察が 4 人を拘束　運営テスト資格を転売容疑」

[146] オリエンタルランド「上場以来のゲスト 1 人当たり売上高推移」2023 年 1 月 19 日アクセス http://www.olc.co.jp/ja/ir/olc/group05/group05-1.html

[147] 2021/09/21 Record China「ユニバーサル・スタジオ・北京、オープン 3 時間でごみだらけ?「上海ディズニーはこんなじゃなかった」

[148] 2021/09/24 China Wave 経済・産業ニュース「◆北京でユニバーサル・スタジオ開業　中米対立でもチケット即完売（商業・流通 / 北京市）」

ジェットコースターに乗ったら頸椎がずれた

2021年9月、北京日報の微博アカウント「北京民声」はUS北京のジェットコースターに乗った複数の人が頸椎のずれを訴えていると報じた。US北京を利用した複数のネットユーザーから「ディセプティコン・ジェットコースターに乗って頸椎がずれた」との声が寄せられた。ある客はそのジェットコースターに乗った後で頸椎部分が痛み続けたため、レントゲン撮影したら頸椎にずれが生じていたという。しかしこれに1日に2回乗ったが体は何ともなかったと語る客もいた。四川大学華西医院脊柱外科主任の劉浩教授の見解は「首が前後した時に非常に大きな力を受け、なおかつ筋肉量が不足している場合に頸椎のずれが生じうる」である[149]。

このジェットコースターはUSシンガポールにもある。筆者はUSシンガポールでこれに2回乗ったが、何ともなかった。US北京は話題になりすぎてバッシングされたのではないか。

US北京が国慶節の観光業を牽引、SNSで大反響

2021年10月、国慶節で強い「リベンジ観光[150]」需要を受け、観光市場は顕著に伸びた。特にUS北京の人気が最も高かった。北京市文化・観光局によると、US北京に同月1〜4日の4日間に延べ10.5万人が訪れた。US北京は営業時間を午後10時まで延長し、一部のショーの回数を増やした。US北京は京津冀（北京市、天津市、河北省）観光市場の人出を押し上げた。支付宝（アリペイ）の国慶節の人気観光地ランキングの1位から3位は、華強方特（中国のテーマパークチェーン）、上海ディズニー、US北京となった。特にUS北京はSNSで話題を集めた。SNSの「微博（ウェイボー）」「小紅書」「知乎」などで多くのユーザーがUS北京のハッシュタグを付け、写真や評価を載せた。微博では「US北京攻略」の検索閲覧数が2億ページビューに達した[151]。

149 2021/09/24 Record China「ジェットコースター乗ったら「頸椎ずれた」、オープン間もないユニバーサル・スタジオ・北京で訴え続出—中国」
150 新型コロナ流行で自宅待機を強いられ、消費を抑制させられたことを受け、爆発的に消費することを「リベンジ消費」という。英語圏で「revenge buying」、中国語圏で「報復的消費」という。リベンジ観光とは新型コロナ流行で観光を禁止されていた人が爆発的に観光することである。
151 2021/10/11 新華社ニュース「ユニバーサル・スタジオ・北京、国慶節の観光消費をけん引」

海外大手は一級都市に、地元企業は二級・三級都市に進出

　Qunar.Com によると、2021 年の国慶節連休の US 北京周辺ホテルの粗利益率は2019 年の国慶節連休に比べて75%上昇し、客室の平均単価も217 元（約3819 円）から2 倍以上上昇して507 元（約8800 円）になった。この頃、**レゴランドが5.5 億ドル**を投資して中国での展開を進めていた。上海レゴランド有限公司はすでにレゴランドの用地を取得し、国有建設用地使用権譲渡契約に調印した。完成すれば世界最大のレゴランドの一つになる。中国では海外大手が一線都市に進出し、現地企業は二線都市、三線都市への進出を重視する。海外テーマパークの収益システムは、周辺の関連消費が占める割合が入場料収入を上回り、一般的に入場料収入は30%のみである。キャラクターの著作権購入やアニメ会社買収などでキャラクター大手と提携し、キャラクターを使用する。キャラクターの公演、レジャー・リゾート商品、キャラクターグッズ販売などで売上を上げる。中国のテーマパークの収入システムは相対的に画一的で、<u>収入の**80%**を入場料</u>に頼る[152]。

　入場料収入が30%程度なのは日米のディズニーだけだろう。上述の記事で、世界一の優等生を指して「一般的に」と書いているが、記者の取材不足だろう。飲食、グッズ、お土産、宿泊が大きく伸びなければ入場料収入 30%程度とはならない。

中央政府直属の国有企業が US 北京の技術担当

　US 北京では「シーン設営技術」で映画の世界を再現している。中建二局安装工程有限公司の US 北京電気機械設備設置プロジェクトでマネージャーの楊猛氏は「シーンの設営は最も中核的なコンテンツで、その役割は映画のシーンを再現することにあり、どのシーンも映画の中から取られている」と述べた。同社は<u>中央企業</u>（中央政府直属の国有企業）で2018 年7 月に US 北京の第2 ブロックの電気機械設備設置事業を落札し、シーン設営を担当することになった。同社は映画の名場面の再現方法を研究し、総合的「シーン設営技術」を開発した。セット、大道具、小道具、音響、画像投影、サブ照明、メイン照明などパーツごとの施工内容を検討し、設計の狙いを正確に伝えることに成功した。この技術を運用し、ジュラシックワールドで映画「ジュラシックパーク」のイスラ・ヌブラル島を世界で初めて再現した。ミニオンランドの砂浜は人工的に作った砂である。この砂浜にはテーマモルタル彫刻技術が採用されており、色つきのコンクリートを一定の比率にして作った。同社芸術ディレクターの磨現輝氏は、「砂粒の一粒一粒まで、細心の注意を払って設計している」と言う。最初米

---

[152] 2021/10/13 人民網「「経済」テーマパークが「人気爆発」金脈を掘り当てたカギは何？」

ユニバーサル社が要求するあらゆる照明装置を輸入しなければならなかった。2019年11月、中国の運営会社は「メインの照明装置を中国製に変えられないか」と打診した。設計や基準など各方面の協調が必要となり複雑である。中建二局公司がその任務を担うことになった。それから数ヶ月間、プロジェクトチームは全国ほぼすべての一定規模以上の照明装置工場に連絡を取り、6万キロ以上の距離を駆け回り、大量の調査研究とパラメータを比較し、4万ページを超える資料を用意し、すべてのサンプルを集めるとコンテナ1台分になった。最終的に中国製照明装置の安全性、安定性、互換性などのパラメータはすべて独自設計の要求を満たすと確認された。プロジェクトチームは2020年7月にすべての照明装置サンプルのテスト・検査を完了し、中国製に変更された[153]。

北京市政府、面積を2倍に拡張する計画

2021年12月、北京市政府はUS北京拡張を発表した。面積を2倍以上に拡大し、2軒のホテルを7軒に増やす。北京市の崔述強・常務副市長は新型コロナ感染防止のため利用客数を制限しており、これまでの1日の平均利用客数は1万人余りと明らかにした。北京市の国有企業が運営会社に7割出資しており、北京市政府の意向が事業計画を左右する[154]。

入場者数の上限を通常の75%に抑えて営業再開

2022年6月、US北京は新型コロナ感染拡大で休園していたが、営業を再開すると発表した。US北京では当面入場者数の上限を通常の75%とし、室内のアトラクションの人数を抑える。入園には72時間以内のPCR検査の陰性証明が必要である。体温検査を実施し、マスクの着用を求める[155]。

従業員の25%減少、開園から1年間で入場者数210万人か

2022年9月、中国の厳しい新型コロナ対策が逆風となり、US北京は入場者数制限、営業時間短縮で多額の損失計上やレイオフを余儀なくされた。複数の関係者によると、US北京は一部のスタッフをレイオフした。US北京が従業員との交流に使うソーシャルメディアに

---

[153] 2021/10/26 人民網「「経済」開園1ヶ月　ユニバーサル・スタジオ・北京がトップに踊り出たのはなぜ?」
[154] 2021/12/02 日本経済新聞　朝刊15頁「ユニバーサル北京、2倍に、拡張計画、ホテルも増設へ。」
[155] 2022/06/08 日本経済新聞　朝刊12頁「ユニバーサル・スタジオ北京、15日から営業再開　来客数上限、通常の75%」

よると、8月末時点の従業員数は約9000人で、開業以来約25%も減少した。当地の文化観光区の当局者は開園前にUS北京が新たに1.4万人分の雇用を生み出すとしていたが、それを大きく下回った。米ユニバーサル社の広報担当者は、新型コロナで幹部職や専門職の人数や給与を調整したと述べた。米ユニバーサル社の提携先はコメントに応じていない。親会社コムキャストの同年7月の決算説明会によれば、US北京の4-6月期（第2四半期）のEBITDA（利払い・税引き・償却前損益）は赤字だった。コムキャストは4-6月期のテーマパーク事業について、日米での入場者数の伸びと支出増を追い風に、売上高が前年同期比65%増加したと発表した。しかしコムキャストのブライアン・ロバーツ会長兼CEOは電話説明会で事業の成長に「US北京は大して貢献していない」と述べた。地元メディアによると、**NBCUの中国提携先を傘下に擁する北京首都旅游集団**（BTG）は、開園前にUS北京の入場者数が年1000万〜1200万人になると予測していた。しかし北京市商務局の幹部が2022年2月に明らかにしたところによると、2021年9月の**開園から年末までの入場者数は210万人余り**にとどまった[156]。

3.発見事項と考察

　本章では、US北京の企画から開業、その後の経緯を考察し、次の点を明らかにした。

　第1に、US北京公式サイト（英語版）の「About Us」に運営企業の社名すら載っていない。ダウ・ジョーンズ中国企業ニュース（2022年9月12日）に「**NBCUの中国提携先を傘下に擁する北京首都旅游集団（BTG）**」という記載があり、米NBCユニバーサル（本書で米ユニバーサル社と記載）の中国提携先の企業がUS北京を運営していると分かった。「傘下に擁する」ということは、**北京首都旅游集団**（BTG）の子会社がUS北京を運営している。同社の概要は次のようになっている。

北京首旅酒店（集団）股分有限公司：BTG・ホテルス(グループ)

　BTG公式サイトによると、同社は1998年2月設立で北京の国有資本投資会社の初のパイロット企業である。同社の資産は1300億元超で、「中国の最も価値ある500社」の上位にランクインする。同社の文化・娯楽戦略事業部門は「寿環投資」「寿樓風景区」「慰安旅行」「華龍会社」「北京展示館」を中心に軽資産と重資産を組み合わせ、相乗効果を狙う[157]。同

---

[156] 2022/09/12 ダウ・ジョーンズ中国企業ニュース「DJ－中国のゼロコロナ対策、テーマパークを直撃　USBは開園以来人員25%減」
[157] 首旅集団「集団簡介」2022年12月18日アクセス https://www.btg.com.cn/article/41.html

社の白凡総経理によると、北京観光グループは北京の国有資本投資会社の初めての試験的改革企業である。同社の5つの主要分野は娯楽、商業、宿泊、ケータリング、旅行である。130以上のブランド（企業）を所有し、そのブランド価値は約702億元である[158]。

　同社の娯楽部門は、①寿環投資、②華龍、③北京展覧館、④康輝旅遊、⑤首旅景区の5社である。①**寿環投資**は北京市人民政府からUS北京の投資、開発、運営、管理を認可された企業である。②華龍は総資産約29.9億元、純資産約1.9億元で、10近くの完全所有の直接子会社と持株会社を持つ。事業分野は主に観光不動産開発と観光レジャー開発で、住宅販売、旅行代理店、キャンプ事業、ホテル事業なども行う。③北京展覧館は**毛沢東**が碑文を書き、**周恩来**がリボンカットした新中国で最初の専門展示館である。展示館、モスクワレストラン、3つのケータリングとデリバティブ店、北京展覧館、ホテルなどを統合した文化レジャー複合施設に発展した。④康輝旅遊はアウトバウンド、インバウンド、国内旅行、クルーズ、ビザ取得、航空券販売代理店などを行う。⑤首旅景区は景勝地への外国企業投資、景勝地管理のコンサルティング等を行う[159]。

　ロイターによると、BTG・ホテルス（グループ）（北京首旅酒店（集団）股分有限公司、旧名：北京首都旅游股分有限公司）は主に観光業に従事する。同社はホテル運営、観光サービス、観光名所サービス及び展示と広告サービスの提供に従事する。同社は景勝地観光、ゲストルーム、ケータリングと観光受付サービス等を提供する。海南省の南山景勝地、北京民族飯店、北京京倫ホテル、北京前門ホテル、旅行代理店を運営する。同社は主に北京や海南省において事業を運営する。**上海証券取引所に上場**されている[160]。

　第2に、US北京は北京市アドレスながら開発が遅れた通州に立地する。北京市の面積は東京都の7.5倍程度なので、北京アドレスは東京アドレスより獲得しやすい。この通州は開発が遅れているため、同エリアの地域経済を牽引することが期待されている。東京23区内にこの広さの用地確保は不可能である。天安門広場を北京市の中心とすると、US北京まで約24キロメートル、車で約30分である。東京ディズニーリゾート（TDR）と比較すると、JR東京駅からTDRまで約17キロメートル、車で約22分である。大都市圏の中心部から離れているものの、大量集客可能な立地である。

---

158 首旅集団「総経理致辞」2022年12月18日アクセス https://www.btg.com.cn/article/11.html
159 首旅集団「娯楽」2022年12月18日アクセス https://www.btg.com.cn/linksList/38/1.html
160 REUTERS「BTG Hotels Group Co Ltd」2022年9月23日アクセス
https://jp.reuters.com/companies/600258.SS

第3に、北京市がユニバーサル・スタジオを選んだ理由は次のようになっている。北京市を代表する観光地は故宮などの歴史的建造物なので、これ以上発展しにくい。北京市は観光客の滞在時間を延ばす方法として会議・エキシビションを兼ねた旅行、娯楽性のある旅行を目指した。また北京の冬は寒いので、気候的に屋内型が適している。ユニバーサル・スタジオは屋内アトラクションが多い。次にユニバーサル・スタジオはアトラクションの更新ペースが速いため、ディズニーよりテクノロジー感が高いと考えた。US 北京があれば大型テーマパークがないという中国北方観光市場の悩みが打開される。筆者は北京を代表する観光地5ヶ所に 2000 年 8 月に行った。その 5ヶ所は歴史的建造物のため中高年から年配者向けで、子供や若年層に向いていない。テーマパークは子供や若年層に向いている。

　第4に、米中が対立するも、**中国でハリウッド人気**は強い。習近平指導部が米系テーマパークを認めた理由は、景気減速に対するテコ入れである。習指導部は**芸能**や**教育**など若者の思想形成に影響力を持つ分野への介入を強めているが、US 北京は別格である。US 北京の運営会社には北京市の国有企業が 7 割を出資し、政府が収益の多くを握る。米映画会社は中国当局を刺激しないコンテンツ作りを進める。中国当局と米企業による共存共栄策が US 北京につながった。上海ディズニーも国営企業である。エンターテイメント企業が国営とは、資本主義の国では考えられない。

　第5に、US 北京は高度に IT 化されている。US 北京は阿里巴巴と提携し、「支付宝」「飛豚」「口碑」「天猫」などデジタル技術を活用し、顔認証機能で入場や買い物や食事ができる。2020 年 11 月に開園日などのチケット購入優先権が 1 分間で売り切れる人気であった。しかし IT 化が原因で次のような事が起きた。建設に携わった会社の従業員やその家族らを招待してストレステストを開始したら、インターネットでテストの「体験資格」が違法に販売された（男 4 人拘留）。ネット上で様々なサービスが販売されるようになっていたため、違法転売など、以前はなかった逮捕者が出た。

　第6に、US 北京のスタッフは全 250 種類以上で、コールセンターや音声エンジニアは約5 年以上の実務経験と流暢な英語が求められ、月収 2 万元（約 34 万円）で各種保険、専門研修、ボーナスなど福利厚生が充実している。これだけが東京並みの月給である。しかし建物の整備、空調管理者、左官、背景画の絵師などは月収 5000〜1 万元（約 7 万〜14 万円）、演出技術者、メイク担当者、パレードカー運転手、コックなどの月収は 4500〜6000 元（約7.7 万〜10.2 万円）程度である。2000 年代前半、すでに中国の都市部では就職難と言われていた。中国国内や先進国では大学を卒業したものの就職がない若者や中年が増えている。高

学歴のエリート向けの雇用は少ない。中国での就職はコネ（縁故）も大きいと言われている。そのため高学歴なのに低収入の人が増えている。その中で月給約34万円は高額である。

第7に、US北京は2021年9月に開業し、10月の国慶節の人気観光地ランキングで、ファンタワイルド、上海ディズニー、US北京が上位3位を占めるほどの人気を博した。微博の「US北京攻略」の検索閲覧数が2億ページビューに達した。しかし2022年9月に中国は新型コロナ対策を行い、US北京は2ヶ月近く休業し、入場者数制限、営業時間短縮を強いられ、多額の損失を計上し、**レイオフ**（一時解雇）を行った。同年8月末時点の従業員数は約9000人で、開業以来約25%も減少した。開園前に年間来場者数1000万〜1200万人になると予測していたが、2021年9月の開園から年末までの来場者数は210万人余りにとどまった。新型コロナの影響で、実力を大きく下回る入場者数となった。この規模のテーマパークは年間210万人では生き残れない。日本のUSJの客は関西住民が多い。USJは東京周辺の人を呼びたいが、首都圏からの客は約1割にとどまっていた。東京から大阪までの新幹線が往復で約3万円なので、USJはこれを「3万円の川」と呼んでいる。同様にTDRが大阪周辺の人を呼ぶためには新幹線代が往復約3万円かかる。TDRですら首都圏からの客が約65%を占める。TDRやUSJですら地元依存が強い[161]。US北京は交通費を合わせて、この値段に耐えられる北京周辺の人口がどのくらいいるのか。

本章の限界は、同社が上海証券取引所に上場するも、ほとんど情報公開しておらず、ここまでしか分からなかったことである。今後の研究課題はUS北京の展開を追うことである。

4.まとめ

US北京設立に際して、**環境保全**が重視されていたことが分かった。2020年に国家電網北京市電力公司が中国最大規模のスマート充電棟を建設した。新エネ観光バスや配車サービスの充電需要に対応する。2021年にUS北京は建築や都市環境の世界的な性能評価システムでゴールド認証を取得した。世界で初めて同認証を取得したテーマパークとなった。US北京は園内に170haを超える緑地を整備したことや、年間27億リットルの水の循環利用、太陽光発電などによる二酸化炭素排出量の抑制が評価された。中国は経済成長優先に見えるが、US北京は環境保全を重視している。US北京の運営会社が国有企業なので、イメージ戦略の一部だろう。大規模テーマパークは大きく報道され、CGM（Consumer Generated Media:

消費者が発生させたメディア、SNS 等での発信のこと）での投稿も活発である。大規模テーマパークは経営不振に陥ると大きく報道され、不人気という風評でさらに客が減る悪循環[162]に陥るだろう。

　US 北京が環境保全していても、2021 年の開業初日にオープンから 3 時間でハリー・ポッターエリアがごみだらけになるなど、客の環境保全や美しく快適な環境を保つ意識が低いと言える。首都を代表する観光施設なので、国民全体の美しい街と環境保全への意識が必要になるだろう。

---

[162] 不人気という風評でさらに客が減ることはアカデミックに立証されていない。しかし筆者は長年の研究でその傾向があると感じる。

第Ⅲ部　他の企業：非ディズニー・非ユニバーサル

　世界的なの大手テーマパークチェーンと言えばディズニーとユニバーサルである。両社の成功を見た多数の事業者がテーマパーク事業に野心と収益性を見出し参入している。しかしエンターテイメント事業は遊びに見えるようだが、採算ラインに乗せるのは非常に難しい。簡単な事業だと思って参入した事業者は思わぬ苦戦を強いられることとなる。ここでは、<u>**非ディズニー**</u>、<u>**非ユニバーサル**</u>のテーマパーク事業者を考察する。

短編2　沃徳蘭遊楽園の廃墟化と解体

1.はじめに

　テーマパークの新設ラッシュに沸く中国であるが、テーマパークの工事ストップ、運営会社の倒産、廃墟化、解体なども起きている。特に有名なのが、北京郊外にある沃徳蘭遊楽園（英語名：ワンダーランド・アミューズメントパーク）である。同園は 1994 年に着工した歴史ある巨大テーマパークである。そして廃墟テーマパークとして有名である。

　本編では、沃徳蘭遊楽園の計画から着工、廃墟化と解体までの経緯を考察する。

2.同園の計画から着工、廃墟化と解体
アジア最大のテーマパークが未完成のまま解体

　沃徳蘭遊楽園はアジア最大のテーマパークと謳われ、国家旅游局の肝いりで 1994 年に着工された。同園は 13 年間の建設中断を経て、2012 年に完成せずに解体され始めた、と北京晨報が伝えた。中国では一時テーマパークの開発ブームがみられたが、甘すぎる見通しで建設されたテーマパークは閉鎖が相次いだ。同園はその典型例となった。

　同園は北京市郊外にある八達嶺長城[163]に近い昌平市南口鎮に立地する。南口鎮政府が 5 村の土地を開発業者の**華彬集団**に貸し出して建設が始まり、**国家旅游局の重点開発事業**に組み入れられた。施設内には高級ホテルやショッピングセンター、グルメストリートが併設され、敷地面積約 123ha と、東京ディズニーランド（TDL）を超えるアジア最大のテーマパークに

---

[163] 八達嶺長城：万里の長城の中で最も有名で多くの観光客が来る部分。北京の中心部から車で約 1 時間半の所にあり、交通の便が良い。北京を訪れた観光客の多くがここに行く。

なる計画だった。しかし同園は 1998 年に建設が突然ストップした。理由は明らかにされていないが、アジア金融通貨危機の影響や、同年の中国南部の洪水被害で森林保護が叫ばれる中、当局が一部の**森林破壊事業を停止**させたことが関係したとの見方があった。さらに 2000年に開発業者、現地政府、住民の間で土地価格の評価と補償額に関する意見の不一致が浮上し、プロジェクト全体が棚上げになった。華彬集団は 2008 年の北京五輪を契機に建設再開を決定したものの、昌平市が 2005 年に新たに打ち出した都市開発計画に基づき、敷地面積が 15ha に縮小された。これまで何度か事業の再開観測が流れたものの、2012 年 9 月に大型鉄骨構造物の解体作業が始まった。跡地には大型ショッピングセンターが建設され、2013 年完成予定である。中国社会科学院旅游研究センターの劉思敏博士はこのプロジェクトの失敗について、「テーマパークは専門性が強く、創意工夫の面で求められるレベルが高いものの、華彬集団は観光分野において素人で、ブランド影響力がない」と述べた。立地の問題について、「八達嶺長城の途中にあるので万里の長城の観光客を呼べると思うが、万里の長城を訪れるツアー客は見学スケジュールがタイトで、同園に寄る時間はない。北京市民も市内から 1 時間以上かかる場所にあるので行きづらい。様々な要因を総合的に考慮し、投資回収は困難と判断された可能性がある」と分析した[164]。

華彬集団の概要

　上記により、同園の開発会社は華彬集団と明らかになった。

　華彬集団[165]の公式 HP の英語サイトによると、同社は 1984 年にタイで創業され、1990 年に北京事務所を設立した。1991 年、中外合作企業として華通観光を設立し、中国のアウトバウンド観光[166]のシェア 30％を獲得した。1992 年、建設業に参入し、1995 年、エナジードリンク、レッドブルの中国事業の会社を設立した。2001 年、北京五輪のサポートメンバーになった。2004 年、ゴルフのフォルクスワーゲン・マスターカップが同社のゴルフ場で開催された。同社は北京五輪での名称使用権を獲得した。2009 年、同社は**中国トップ 500 社の 10 位**にランクインした。「中国青年ゴルフ挑戦」というゴルフ大会を開催した。同社の投資部門はフェアモントホテルを完成させた。2011 年に「ミスユニバース中国華彬」、2013 年に北

---

[164] 2013/05/21 亜州 IR 中国株ニュース「【統計】中国：北京の「アジア最大テーマパーク」が完成待たずに解体へ　中国」
[165] 華彬集団「History」2022 年 8 月 31 日アクセス http://www.reignwood.com/en/about/history/
[166] アウトバウンド観光とは自国民が外国に旅行に行くこと、インバウンド観光とは外国人観光客を自国に呼ぶことである。

京でオペラ「イースト・ミーツ・ウェスト」、2016年に「中国・アメリカ・アフリカ・フォーラム」を主催し、BTVのアイスダンスショーを共同提供した。ゴルフのBMW PGAチャンピオンシップ2016を同社のゴルフ場で開催した。世界写真展覧会を北京で主催した。2018年、香港総商会の会議を北京で主催した。英中緑色金融中心戦略協力会議を北京で主催した。同社会長は中国人民政治協力会議のメンバーに選ばれた。なお、**非上場**らしく財務非公表である。

　このように同社は1992年に建設業に参入した北京の会社である。2000年代に入ると、北京五輪のサポート、ゴルフ大会主催、オペラ公演、ホテル建設、国際会議主催などスポーツやエンターテイメント等に多角化した。同園が着工された1994年の時点で、同社はテーマパークや観光分野に未経験であった。1994年の中国は改革開放路線に入って開発が始まった頃であった。テーマパークや観光事業にノウハウがある事業者は少なかったはずである。

3.同園の評価
「世界で最も美しい廃墟」に選出

　同園は「世界で最も美しい廃墟」の一つに選出され、「お化け屋敷」「廃墟の城」などと呼ばれた。1994年着工当時、テーマパーク建設ブームに湧いていた中国でタイの不動産開発商レインウッド・グループが建設を申請し、地元政府が認可した。このプロジェクトは広大な土地に巨大テーマパークをつくり、周辺に付帯施設として高級ホテルやショッピングモール、グルメ街などを併設する一大計画だった。同園は一部の若者や外国人観光客の間で撮影スポットとして人気になり、観光客や報道関係者が多く来ていた。一面のトウモロコシ畑の中にヨーロッパの童話に出てくるようなお城が廃墟化している風景は、シュールで観光資源となった。2012年9月に始まった解体作業が2013年に終わり、その跡地に大型ショッピングモールが起工するという噂が流れた。その情報を聞いた一部の地元住民は大勢の建設作業員を当て込んだ弁当屋などを開業させた[167]。

「巨費を投じたのに建設中断された7大プロジェクト」に選出

　2014年9月、環球時報によると、英紙デイリー・メールは「巨額の費用を投じながら建設が中断された7大プロジェクト」を選出し、同園が選ばれた。同園は年間数百万人の来場が

---

[167] 2013/05/21 Record China「アジア最大?のゴースト遊園地がついに取り壊し、近隣住民の注目は次なる商機——本日の中国TOPニュース」

見込まれ、ディズニーランドと肩を並べる存在となることが期待された。その他には、①施工ミスで開業できないまま爆破解体された米ラスベガスのハーモンホテル、②ドバイで計画された人工島「ザ・ワールド」（2003年に建設開始。リーマンショックで中止）、③ドイツのベルリン・ブランデンブルク国際空港（当初2011年開港予定が工事の遅れで開港が度々延期され、まだ開港されていない）、⑤米アトランティックシティのレベル・カジノ・ホテル、⑥北朝鮮の柳京（リュギョン）ホテル、⑦ロシアの巨大な露天掘りダイヤ採掘場・ミール鉱山、が選出された[168]。

4.発見事項と考察

　本編では、沃徳蘭遊楽園の計画から着工、廃墟化と解体までの経緯を考察し、次の点を明らかにした。

　第1に、同園はアジア最大のテーマパークとして国家旅游局主導で1994年に着工したが、13年間の建設中断を経て、2012年に完成せず解体された。南口鎮政府が5村の土地を開発業者の華彬集団に貸し出して建設が始まり、国家旅游局の重点開発事業に組み入れられた。中国では一時テーマパークの開発ブームだったが、甘すぎる見通しで建設されたテーマパークの閉鎖が相次いだ。

　第2に、同園の計画では敷地内に高級ホテルやショッピングセンター、飲食店街が併設される。現在の統合型リゾート（IR: Integrated Resort）の典型的な形である。成功すれば大規模なIRとなっていた。

　第3に、同園の建設が1998年に突然ストップした理由は明らかにされていないが、洪水被害で森林保護が叫ばれ、当局が**森林破壊事業を停止**させたことが関係したとの見方があった。この頃すでに当局は**環境保全**意識があったのかもしれない。急速な経済成長を目指すと環境保全意識は弱くなる傾向にある。昭和30年代（1955～1964年）の日本は急激な開発で公害病に襲われた。

　第4に、同園の失敗理由として次の2つが指摘された。①テーマパークは専門性が強く、求められるレベルが高いのに、華彬集団は観光分野において素人でブランド力がない。同社は1992年創業で北京の建設業者である。同社は2000年代に北京五輪サポート、ゴルフの試合開催、オペラ公演、ホテル建設、国際会議主催などスポーツやエンターテイメント等に多

[168] 2014/09/05 Record China「建設中止の世界7大プロジェクト、北京の「中国版ディズニー」も選出—英紙」

角化した。同園が着工された1994年、同社はテーマパークや観光分野に初挑戦だったはずである。1994年の中国は開発が始まった頃で、観光事業にノウハウがある事業者は少なかった。

　第5に、同園の失敗理由として、②同園は北京中心部と万里の長城の途中にあるが、万里の長城の客は見学スケジュールがタイトで、テーマパークに寄る時間はない。北京市民も市内から車で1時間以上かかる場所にあるので行きづらい、と指摘された。筆者は2000年8月に北京に行き、万里の長城を訪れた。北京に来る観光客の多くは、北京中心部にある旧・紫禁城（現・故宮博物院）や隣接する天安門広場に行き、旅行代理店のツアーで片道1時間半かけて万里の長城に行き、登る。夕食までに帰ってきて京劇を見ながらディナーを食べるなど、朝から夜までツアーが組まれているケースが多い。これだけ1日に詰め込むため、万里の長城の客は同園に周遊しないと思われる。

　第6に、同園は「世界で最も美しい廃墟」の一つに選出され、廃墟として若者や外国人観光客に人気撮影スポットとなり、観光客や報道関係者が来ていた。世界的なSNSブームとタイミングが合ったからだろう。また英紙デイリー・メールの「巨費を投じながら建設が中断された7大プロジェクト」に同園が選ばれた。同園は英大手メディアに気づかれるような有名なプロジェエクトであった。

　本編の限界は、筆者は中国語ができないため、ここまでしか分からなかったことである。

5.まとめ

　同園は経済危機や森林破壊を防ぐ目的で工事が止まったと推測される。もし本当に森林破壊を防ぐ目的だとしたら、1990年代、すでに中国政府に環境保全の意識があったといえる。

　同園は甘い計画で開業し、予想を下回る入場者数と客単価で経営難に陥って閉園に追い込まれたテーマパークとは異なる。同園は甘い計画で着工し、何らかの理由で工事がストップし、完成前に廃墟化したケースである。日本のバブル期のテーマパークブームでも着工するも完成前に会社が破綻し、工事が止まり、廃墟化するケースがあった。他の新興国でもこのケースは増えるだろう。

短編3　恒大集団の観光事業「恒大童世界」と「中国海南海花島」

1.はじめに

　2021年8月21日、中国最大手の不動産ディベロッパー恒大集団（以降、恒大）の債務不履行（デフォルト）の経営危機が報じられた。その時に「恒大はテーマパークも経営している」と報じられた。筆者は初めて恒大がテーマパークも経営していると知り、調べ始めた。しかし日本語での報道はほとんど無い。恒大 HP には、観光事業として「恒大童世界（EVERGRANDE FAIRYLAND）[169]」と「中国海南海花島（Ocean Flower Island）[170]」がある。HP は中国語のみなのでほとんど分からない。外国人を誘客する意欲がないか、外国語の HP 制作が間に合っていないかである。

　本編では、恒大集団の観光事業について日本語情報のみで考察する。なお、世界のテーマパークの入場者数を調査している TEA[171]（Themed Entertainment Association）の 2019 年の「世界ランキング 20」および「アジア環太平洋ランキング 20」に恒大集団の 2 パークは載っていない（序章参照）。

恒大集団の概要

　恒大集団は広州市を拠点とする民営不動産デベロッパーである。広州、北京、上海、深圳など中国国内 229 都市で 798 件のプロジェクトを有する。土地ストックは 2 億 3100 万平米（2020 年末）である。サッカークラブに出資するなど、スポーツ産業への進出を進めている。ヘルスケア、インターネット、金融など幅広い分野に多角化している[172]。

　恒大は主力の恒大地産の他に恒大物業、恒騰網路、房車宝、恒大童世界、恒大健康、恒大氷泉、450 億元を投じてつくった恒大新能源汽車を加え、8 子会社から成る。本社がある広州にプロサッカーチームを保有し、2019 年の C リーグ覇者となり、アジアクラブ選手権で鹿島アントラーズや浦和レッズと死闘を繰り広げた[173]。

---

[169] 恒大童世界 EVERGRANDE FAIRYLAND　2021 年 9 月 22 日アクセス
https://www.evergrande.com/Business/Children
[170] 中国海南海花島 Ocean Flower Island 2021 年 9 月 22 日アクセス
https://hhd.evergrande.com/zh-cn/#1
[171] Theme Index Museum Index 2019, 2021 年 9 月 22 日アクセス
https://www.teaconnect.org/images/files/TEA_369_366846_200720.pdf
[172] 2021/07/22 亜州リサーチ　中国株ニュース「【銘柄情報】恒大集団が観光事業を分離上場か、債務償還資金を調達　香港(不動産) 333／HK」
[173] 2021/08/31 China Wave 経済・産業ニュース「火曜特集　恒大が資金難に転落、中国不動産バブ

2.恒大集団の苦肉の金策

傘下事業の分離上場などで負債圧縮計画

　2021年6月、恒大の株価が低迷した。株価は同月7日と15日に一時11HK（香港）ドルを下回る水準まで下げ、2020年3月以来、約1年4ヶ月ぶりの安値水準となった。2020年7月に付けた高値27.86HKドルからの下落率約6割となった。わずか1年弱で2200億HKドルを超える時価総額を吹き飛ばした。大株主でもある許家印会長の資産も大きく目減りした。ブルームバーグが毎日更新する世界長者番付「ブルームバーグ・ビリオネア指数」によると、許会長の資産総額は6月14日時点で世界107位の187.8億米ドルとなり、ピーク時の約3分の1に減少した。この他、傘下の中国恒大新能源汽車や恒大物業集団、恒騰網絡も2021年1-2月に付けた高値からいずれも5〜6割下落した。恒大については、2020年9月に子会社の恒大地産集団と深圳経済特区房地産の再編が実現しなければ資金繰りが困難になると、広東省政府に支援を求めたと報じられ、一時デフォルトの可能性が取り沙汰された。ただし同社は報道を否定した。ほどなく恒大地産集団に出資する複数の投資家から出資や持ち株比率の維持で確約を取り付け、危機を回避した。

　恒大はもともと広東省の有力デベロッパーの一社に過ぎなかったが、**事業規模拡大を優先し、多額の借り入れで全国トップクラスのデベロッパーに成長**した。しかし急成長の代償は大きく、大手デベロッパーの中で負債比率が最高水準となっている。直近5年間の財務内容は、2020年末時点で**総負債**1兆9507億元（**約38兆円**）と2016年末比で68%増加したが、有利子負債は2020年ピーク時の8355億元から年末には7165億元と1200億元近く圧縮された。負債比率は2017年末の184%から2020年末に153%まで低下した。それでも当局が求める100%以下を大きく上回る。恒大は香港のほか、米ニューヨークや英ロンドンなど世界各地で米ドル建て債券を発行しており、負債額は合計で1兆9500億元に上るとみられる。デベロッパーとして負債額は世界トップクラスで、中国では重要な借り手なので、恒大が市場の不安を解消し、信頼回復できなかったら、流動性危機が中国の金融業界やそれ以外にも波及する可能性がある。

　恒大には1年以内に返済しなければならない借入金が2020年末時点で3555億元あり、有利子負債全体の47%を占める。ただし不動産販売は好調で、2020年の1年間の成約額は7232.5億元、回収額は6531.6億元、回収率は90%に上る。2021年1月〜5月で、成約額2851.6億元、回収額2507.4億元であった。2021年通期販売目標7500億元を達成できた場

ル崩壊の兆候か(1)（経済焦点・特集/華南地域）」

合、5 月末時点の回収率 88%で計算すると、年内に少なくとも 6600 億元の資金が入る見通しで、当面の返済に困ることはなさそうだ。また、許会長は傘下の不動産・自動車の取引プラットフォーム「房車宝」を年内にも米国で上場させる方針を明らかにした。**テーマパーク「恒大童世界」**やミネラルウオーター「恒大氷泉」などの事業も**上場**を計画していると言われている。実現すれば、負債圧縮につながるだろう。交銀国際は恒大について、「不動産販売が好調な上、傘下業務の分離上場などを期待できるため倒産は考えにくい」「ただ負債圧縮にはさらに多くの時間が必要」と言う。一方、本土不動産セクター全体については、世界的な金融緩和で資金が行き場を失う中、不動産価格は上昇が加速しており、政府は住宅ローンの金利引き上げや不動産税の改革などにより引き締めに一層力を入れるとみられるため、下期は厳しい状況になると予想される[174]。

表 1：恒大集団の過去 5 年間の負債状況（単位：億元）

年	総負債	総負債(日本円)	有利子負債	負債比率
2016	11,583	約21.5兆円	5,351	119%
2017	15,195	約29.3兆円	7,326	184%
2018	15,714	約30.0兆円	6,731	152%
2019	18,480	約35.2兆円	7,999	159%
2020	19,507	約37.2兆円	7,165	153%

出典：2021/06/15 DZH 中国株レポート（セクターレポート）「中国恒大集団：信用不安再び、傘下事業の分離上場などで負債圧縮へ」

観光事業を分離上場か

2021 年 7 月、恒大が傘下事業を分離上場させ、債務償還のための資金を調達すると、香港経済日報が外電報道を引用して伝えた。新たに観光事業の分離上場計画が伝えられた。報道によると、恒大は早ければ 2022 年に観光事業を分離上場させる計画をしていた。上場先や調達規模などの詳細は未定であった。恒大の観光事業には主にテーマパーク「恒大童世界」、リゾート施設「中国海南花海島」の 2 つがある。うち「**恒大童世界**」は国内 **15 都市**での展開を計画しており、2022 年から続々と開業する予定である。一方、「**中国海南花海島**」は娯

---

[174] 2021/06/15 DZH 中国株レポート（セクターレポート）「中国恒大集団：信用不安再び、傘下事業の分離上場などで負債圧縮へ」

楽施設、国際会議場、ショッピングセンター、温泉街、博物館などから成る総合リゾートである。2021年1月に一部施設がプレオープンし、これまでに145万人が訪れた。全面開業は2021年末を予定している[175]。

売上高世界ランキング138位から資金難に転落

2021年8月、恒大の資金繰り悪化が注目された。恒大は中国全土で販売中の住宅用マンションとオフィスビルを2021年2月18日から29日まで一律25%引き、3月1日から31日まで22%引きにすると決めた。恒大は2019年の売り上げが6010億元で、「2019年版フォーチュン・グローバル500」で世界138位につけた。当時の従業員は約14万人、280都市で1300以上もの不動産プロジェクトを展開していた。しかし不動産業界の巨人がコロナ禍で投げ売りに走ったのである[176]。

海花島が中国の「最も醜い建物ランキング」1位に選ばれる

2021年12月、中国の建設業向け情報ポータルサイト「暢言網（Archcy.com）」が「中国醜悪建築（中国の最も醜い建物）TOP10」を発表した。その1位に恒大の海花島が選ばれた。海花島にはヨーロッパ式建築群、中国風建築や貝の形などを模した複数の施設がある。審査員によると、海花島建築群の建築様式は乱雑怪奇で資本の恣意性を示し、仰々しくキッチュな文化・観光建築の典型例という。なお、2位は蘇州湾文化センター（江蘇省蘇州市）、3位は弘陽広場（山東省済南市）である[177]。

習近平政権が「醜い建物」の建築を禁止

習近平国家主席は2016年に「巨大でゼノセントリック（異種中心主義的）かつ風変わり」な建物に対する禁止令を出した。「暢言網」は2021年に第12回「最も醜い建物コンテスト」を発表した。そこにノミネートされた約90の建物は超高層ビル、博物館、ホテル、スポーツ施設など、中国の「奇妙な建物が多い国」という評判に貢献してきた珍しい形の建物や眉をひそめるような装飾が施された建物である。投票後、建築家、評論家、学者で構成される審

175 2021/07/22 亜州リサーチ 中国株ニュース「【銘柄情報】恒大集団が観光事業を分離上場か、債務償還資金を調達 香港(不動産) 333／HK」
176 2021/08/31 China Wave 経済・産業ニュース「火曜特集 恒大が資金難に転落、中国不動産バブル崩壊の兆候か(1)（経済焦点・特集/華南地域）」
177 2021/12/24 看中国「メディア、中国の醜い建物トップ10を選出「恒大集団の海花島がトップ」」2022年5月10日アクセス https://www.visiontimesjp.com/?p=29267

査委員会が、周囲と調和が取れていない、デザインが**盗作**と考えられるなど9つの基準で評価する。習政権は2014年以降、新規に建設される建物の外観を規制している。2020年6月、中国の住宅・都市農村建設部と、強い影響力を持つ経済計画機関の国家発展改革委員会（NDRC）が、高さ500メートルを超える「模倣」建築物や超高層ビルの建設中止を通知した。またNDRCは2021年に**醜い建物の建設を厳しく禁止**し、「（その場所に）適した、安価で、**環境にやさしく**、美しい」建物を支持する方針を示した。多くの欧米諸国にあるような各都市のチーフアーキテクトの任命、都市計画に関する規制に従わない設計士をブラックリストに載せる仕組み作りなどが示された。また中央政府は歴史的建物の取り壊しを牽制し、中国の特徴を強調するデザインを奨励する。英リバプール大学の建築学教授で都市政策が専門のフェイ・チェン氏によると、新たなガイドラインは各都市に広範な枠組みを示すのみで、詳細は各地域で解決する必要がある。同氏は「優れたデザインについて政府からの明確なガイダンスがあれば建築家や都市計画者は助かる。そのガイダンスは各地域の実情に沿っている必要があるが、中央政府がそのようなガイダンスを作成できるとは思えない。ある状況で有効なガイダンスが、別の状況で有効とは限らない。全国の建築基準にばらつきがある。東海岸の都市など発展した地域では、建築家の設計スキルが高いので質の高い建物を造るが、内陸の都市では依然として他の建物のスタイルを真似た建物が散見される」と述べた[178]。

海花島のマンション39棟の違法建築で取り壊し命令

2022年1月、恒大の海南海花島が違法建築と認定され、建設中の一部建物の取り壊しを現地政府から命じられた。建物の資産価値は77億元（約**1400億円**）に上るという。恒大は海花島のマンション39棟が行政処分を受けたことを認め、適切に処理すると表明した。リゾートの他の住宅などには影響しないと述べた[179]。

サッカー強豪、広州FCがブラジル人選手ら解雇

2022年2月、中国のプロサッカーで圧倒的ナンバー1だった広州FC（旧：広州恒大）は5人のブラジル人選手と契約終了した。広州FCの経営権を保有するのは恒大である。契約

---

[178] 2021.11.21 CNN.co.jp「中国の「最も醜い建物」コンテスト　年末にトップ10発表」2022年5月10日アクセス https://www.cnn.co.jp/style/architecture/35179609.html
[179] 2022/1/4 共同通信「中国恒大に建物撤去命令、海南省　海上人工島、株取引に影響」2022年5月10日アクセス
https://news.yahoo.co.jp/articles/59e69b2e82bd5ce1b64a6da508b0e0b1f99b48d2

終了したのは FW エウケソン(32)、FW リカルド・グラル(30)、FW アラン(32)、FW アロイ
ージオ(33)、FW フェルナンジーニョ(28)である。5 選手ともに中国国籍を取得し、うち 3 人
は帰化選手として中国代表に招集された。同社の経営危機でクラブ存続の危機に瀕し、ファ
ビオ・カンナバーロ監督が辞任し、選手の給与が払えないなど苦しい状況が続いた。かつて
同チームはアジアチャンピオンズリーグで 2 度優勝し、中国サッカーの絶対的王者として君
臨し、ヨーロッパでプレーするビッグネームを爆買いした[180]。

海花島の IR が廃墟やゴーストタウンのような状態に

　2022 年 3 月 4 日のテレビ東京の経済ニュース「ワールドビジネス・サテライト（WBS）」
で恒大に関して次のように報じられた。本来、記事化された情報を引用するものであるが、
記事化された報道が無いので背に腹は代えられない。

　海南島は「東洋のハワイ」と呼ばれる中国屈指のリゾート地で、そこに恒大が作った巨大
な人口島「海花島」がある。海花島は東京ドーム 170 個分の面積に**総工費約 3 兆円**、10 年
以上の歳月をかけホテルや水族館などを次々と建設した。島内を走るバスに「**全球人向往的
文化旅遊勝**（全世界の人が憧れる文化旅行の聖地）」と書かれている。ところが、テレビ東
京の取材陣が島を歩くとその理想とかけ離れた世界が広がっていた。客の姿があまり見られ
ず、閑散としていた。コテージエリアはまだ一棟も営業されておらず、建物が廃墟のように
なっていた。コテージに木の板を貼って補修してある。島内に建てられたショッピングモー
ルに約 300 のブランドが入り、2022 年 1 月オープン予定だったが、工事が止まっている。
「**童世界海洋楽園**」と入口に書かれたテーマパークの中にある水族館は営業しているものの、
水を抜かれた水槽もある。世界各地の街並みを再現したという商店街は既に閉店した店が目
立ち、ゴーストタウンのようである。その一角にある日本料理店「宮戸川」の店主は「世界
各国のレストランが集まるので是非出店してほしいと言われ、恒大が厨房の備品類や内装を
負担し、三顧の礼で迎えられた」「海外出店は夢だった」と言う。ところが、賑わったのは
春節などの期間だけで、厳しい経営状態にある。周りのお土産店は撤退した。島には恒大の
無計画な開発の跡が残されている。海を挟んだ島にはマンションが立ち並ぶが、途中で工事
が止まっている。全 39 棟が建築規制に違反し、地元政府から撤去要求されている。恒大集団
は海花島でこれまで 400 棟以上のマンションを開発してきた。そのほとんどが販売済みであ

---

[180] 2022/2/17 超 WORLD サッカー「"中国の雄"広州 FC が経営難で崩壊…多くのタイトルに貢献
したブラジル人帰化選手 5 人が全員退団」2022 年 5 月 10 日アクセス
https://news.yahoo.co.jp/articles/925f30a37c45797015f34ad4e5e58ff4725f7470

る。地元の人は「40万元（約720万円）で買った物件が35万元（約630万円）でも売れない」「2021年のピーク時には1平米2万元（約39万円）以上で売られていたが、今はどんどん下がっていて、急いでお金が欲しいオーナーは9000元（約17万円）でも売っている」と言う。

3.まとめ

本編では、恒大の観光事業について日本語情報のみで考察した。事前の期待より圧倒的に情報が少なかった。同社の観光事業に絞った情報は少なく、同社がデフォルトの危機を脱出していないことが盛んに報じられている。同社の状態をまとめると次のようになる。

第1に、恒大は広州に本社を置く大手不動産ディベロッパーである。広州エリアの大手企業であったが、短期間に巨額の投資を繰り返し、中国最大手にのし上がった。しかし巨額の負債を抱え、2021年9月21日に債務不履行の危機に陥ったと報じられた。同社は不動産事業で大成功し、異業種に多角化を進めた。同社は観光事業として2テーマパーク（うち1つは大規模リゾートの一部がテーマパーク）、ミネラルウォーター、自動車取引プラットフォーム、恒大物業、恒騰網路、房車宝、恒大童世界、恒大健康、恒大氷泉、恒大新能源汽車などの子会社を擁する。同社は資金繰り悪化で、本業の不動産販売で一律25%引きなど大幅値下げすることとなった。

第2に、一社の負債総額が20兆円、30兆円を超えるとは異常に高い。日本のバブル崩壊後の大型倒産でも、一社でこの額の負債総額を抱えたケースはない。例えば、山一證券が自主廃業した1997年時点で負債総額約3兆円であった[181]。百貨店のそごうが倒産した2000年の時点で、負債総額1兆8700億円であった[182]。景気が加熱しすぎて、実体経済の伴わない金額が動いているのだろう。

第3に、テーマパークの入場者数を調査しているTEAの2019年のランキングに恒大集団の2パークが載っていないのは、「恒大童世界」は国内15都市での展開を計画しており、2022年から続々と開業する予定だからである。つまりまだ開業していなかった。一方、「中国海南花海島」は娯楽施設、国際会議場、ショッピングセンター、温泉街、博物館などからなる統合型リゾートである。2021年1月に一部施設がプレオープンし、145万人が訪れ、全

---

[181] 2018/11/22 日本経済新聞社「11月24日　山一証券が自主廃業、負債総額は3兆円」2023年2月17日アクセス https://www.nikkei.com/article/DGKKZO38064240S8A121C1EAC000/
[182] 2019/03/30 朝日新聞DIGITAL「破綻、再編… 流通大手、平成の次の時代に残された課題」2023年2月17日アクセス https://www.asahi.com/articles/ASM345GKDM34PLFA00Z.html

面開業は 2021 年末である。これは世界的に注目されている IR（Integrated Resort：統合型リゾート）という業態である。IR とは国際展示場や大規模イベントで集客し、ホテル、ショッピングセンター、温泉、レストラン街、プール、ビーチ、スケート場、ゴルフ場、テーマパークなどを隣接し、リゾートエリアとし、各部門に誘客する事業である。

　第3に、中国で「最も醜い建物ランキング」で海花島が1位に選ばれた。中国では経済成長を目指して急速に進められてきた不動産開発の歪みが出ている。中国の沿海部では優れた建築家が多いが、内陸部には少ない。また中央政府が基準を作ると、ある地域で適しているが、ある地域では適していないケースが多い。非常に広い国土に多民族国家なので統一基準が難しい。

　第4に、2022 年3月にテレビ東京の取材陣が海花島に取材に行ったところ、マンションや商業施設の建設が途中で止まり、**廃墟**や**ゴーストタウン**のようになっていたという。テーマパークの一部にある水族館は部分的に営業していないようである。

　第5に、中国のプロサッカーといえば、「広州恒大」だけ突出していて、ヨーロッパで活躍するブラジル人など有名選手を高額年俸で買い漁り、圧倒的な強豪チームだった。昔の読売巨人軍、今のソフトバンクのようなチームであった。ブラジル人選手5人と監督の給与遅延や解雇から恒大の経営危機が分かる。

　本編の限界は、中国語ができないため日本語の報道に頼るしかなく、ここまでしか情報が無いことである。

　筆者は今後も恒大集団本体の動向と別に、「恒大童世界」と「中国海南花海島」の行方を追いかける。テーマパークも IR も売却できる事業である。本体の資金繰り悪化で別の事業者が買い取って運営する可能性もある。

第5章 「中国版ディズニー」を目指す大連万達集団
～バブル期に乱脈投資～

1.はじめに

　2021年9月、中国の不動産大手、恒大集団がデフォルト（債務不履行）に陥りそうと報道された際、恒大がテーマパークにも参入していると知って、筆者は急いで研究を始めた。その中で「中国版ディズニー」を目指し、加熱するバブル景気の中、乱脈投資するバブルの象徴のような企業を発見した。社名は大連万達集団（WAND Group：以降、万達）、大連に本社を置く不動産大手である。万達の無謀なテーマパーク投資は日本のバブル期の乱脈経営を彷彿とさせる。

　本章では、万達が「中国版ディズニー」を目指してテーマパーク事業に参入し、無謀な投資を繰り返した経緯を考察する。

大連万達集団（WAND Group）の概要

　万達集団は1988年創業の多国籍巨大コングロマリット企業である。創業30年で不動産の世界的リーディング企業となり、スポーツ事業や子供向けエンターテイメント事業にも参入した。万達広場（ショッピングセンター：SC）、万達映画館、万達ホテル、万達文化観光都市（IR：Integrated Resort：統合型リゾート）、万達子供の国を擁する。2018年の業績は利益2143億元（約3.8兆円）、資産6257億元（約10兆円）である。万達の王健林（Wang Jianlin）董事長（日本でいう社長）は1954年、大連生まれで、1970～1986年に陸軍に従軍した。その後、大連市西岡区の職員となり、1988年に万達の董事長になった。王氏は以前、中国共産党第17回全国人民代表大会（全人代）の副議長、第11回中国人民政治協商会議のメンバーであった。ハーバード大学の国際諮問委員会の副議長も務めた[183]。

　万達は住宅不動産から始め、サッカー場や大学建設、商業施設と事業を拡大した。映画館などを備えた商業施設「万達広場」は2013年に中国に72ヶ所あり、2014年に110ヶ所に増やす予定であった。万達は2012年に米AMCエンターテイメントを買収した。これは中国民間企業による米企業買収で過去最大となった。2012年の売上高は1417億元（約2兆2800億円）、純利益は100億元超であった。同社は**非上場**である[184]。

---

[183] 万達集団 WANDA GROUP「Wang Jianlin」2021年10月22日アクセス　https://www.wanda-group.com/aboutwanda/Wan_Jianlin/

[184] 2013/09/30 日経産業新聞 15頁「「中国のディズニー」狙う、大連万達、SC事業と組み合わせ──

2.万達のテーマパーク事業の経緯

約6000億円出資して江西省南昌市に文化旅行パーク計画

　2013年6月、万達が400億元（約6000億円）を投じる南昌万達文化旅行パークの着工式が行われた（2015年開業予定）。同パークは江西省南昌市九龍湖新区に位置し、使用面積約300ha、総建築面積475万平方メートル、総投資額約400億元、テーマパーク、映画館、水族館、テーマパーク、ビジネスセンター、ホテルなどの施設の開業を計画している。うち万達パークセンターの建築面積は16万平方メートルで、同施設の中心を貫いて広がる部分となる。万達は他にもハルビン市、合肥市、無錫市、広州市などで5つの文化旅行パークへの投資を計画している[185]。

ディズニーのテーマパークの開発担当者を採用

　2013年9月、万達は米ディズニー社のテーマパークの開発担当を務めたロン・ジェームス氏を採用し、万達商業計画研究院の開発主任に就いた。20年来のキャリアを持つ同氏を雇い、テーマパーク部門のレベルアップにつなげる。同氏はウォルト・ディズニー・ワールド・リゾート（米フロリダ州）の看板アトラクション「ジャングル・クルーズ」「インディアナ・ジョーンズ」「スプラッシュマウンテン」などのデザインや開発、装飾、建築、米シーワールド、ユニバーサル・スタジオ・シンガポールなどを手がけた[186]。

青島に8100億円で映画村「東方影都」計画、ディズニー目指す

　2013年9月、万達がエンターテイメント事業の融合に向け、山東省青島で巨大な映画村を計画し、着工した。高級ホテルの展開にも力を入れる。万達は米映画館チェーンを買収したので、本業のSC事業と組み合わせ、買い物、娯楽、宿泊の相乗効果を狙う。目指すは米ディズニー社のビジネスモデルである。王氏は青島で開いた映画村「東方影都（オリエンタル・ムービー・メトロポリス）」の起工式で「世界の映画市場の未来はここ中国にある」と述べた。総投資額は500億元（約8100億円）、「中国版ハリウッド」を目指し、20の映画スタジオ、音響施設、アニメ製作所、蝋人形館など映画関連施設を集積する。万達は2012年に

　映画、ホテル。」
[185] 2013/06/20 新華社ニュース（メディア新日中）「【建設・不動産】万達集団：400億元を拠出し南昌万達文化旅行パークを建設へ」
[186] 2013/09/13 日経MJ（流通新聞）7頁「ディズニー元開発担当、中国・大連万達、開発主任に起用。」

米映画館チェーン大手のAMCエンターテイメントを26億ドル（約2570億円）で買収し、米中合わせて世界最大の映画館運営者となった。青島ではハリウッド映画を含め年間30本の外国映画を撮影する計画である。王氏は「今後3〜5年で世界的な知名度を持ち、8〜10年でディズニー並みの影響力のある企業になる」と目標を述べた。本業のSC事業と映画事業を連携させる。万達は中国各地の主要都市中心部に巨大SCを展開し、映画館やボウリング場、ゲームセンターなどアミューズメント施設を併設する。その都市で最大の娯楽施設というケースも多い。ここにハリウッドのキャラクターを配置し、高級ホテルを組み合わせた「ディズニー型」の事業展開を目指す。万達のホテル戦略は、①自社ブランドの世界展開、②欧米ホテルチェーンの買収、の二本柱である。自社ブランドは「ワンダ・レイン」「ワンダ・ビスタ」「ワンダ・レアルム」の3グレードからなる。欧米ホテル買収を巡って、王氏が米メディアに「買収候補を探している」と発言した。候補と見られたマリオット・インターナショナルなど米ホテル運営大手の株価が上昇する場面もあった[187]。

海外のエンターテイメント企業買収を計画

　2014年7月、万達の王氏がグループ年次総会で年内に海外のエンターテイメント大手を1〜2社買収する計画を明らかにした。同社の投資部門が交渉に入った。米エンターテイメント業界ではルパート・マードック[188]氏率いる21世紀フォックスがタイム・ワーナーに買収提案するなど合従連衡の兆しがあり、万達も参入チャンスとみた。王氏は以前から「中国版ディズニーを目指す」と表明している[189]。

SCに児童向けテーマパークを併設して誘客

　2014年8月、万達は児童向けテーマパーク「万達宝貝王（ワンダ・キッズ・プレイス）」の運営に参入した。万達が経営する商業施設「万達広場」に併設し、2020年までに中国200ヶ所での開業を目指す。中国全土で2.2億人いる児童をひきつけ、商業施設への来店増につなげたい。万達広場は全国に94ヶ所あり、2014年は北京、東莞（広東省）、昆明（雲南省）など9ヶ所に新設する。今後の万達広場の新設では原則的にテーマパークを併設する。面積

---

187 2013/09/30 日経産業新聞 15頁「「中国のディズニー」狙う、大連万達、SC事業と組み合わせ——映画、ホテル。」
188 ルパート・マードック氏：1931年生まれ。米ニューズ・コーポレーション創業者、21世紀フォックスを買収。アメリカで「メディア王」と呼ばれるメディア業界の権力者。
189 2014/07/25 日本経済新聞電子版セクション「大連万達集団、海外娯楽大手買収を計画」

107

は3000〜5000平方メートルと小ぶりで、メリーゴーランドやジャングルジム、読書コーナーを備える。万達の狙いは、①巨大市場の開拓、②商業施設への集客である。0〜12歳の児童の数は総人口の15%に達する。一人っ子政策で主要都市の家庭が児童に使うお金は総支出の33%にのぼる。電子商取引の普及で、中国の商業施設は客足の伸び悩みに直面している。万達はネット通販と競合する衣料品売り場を縮小し、映画館などに切り替える。テーマパーク併設で、子供と来店した大人の買い物も期待できる[190]。

約3.8兆円を投じて中国内12ヶ所にテーマパーク計画

2015年1月、万達は2000億元（約3.8兆円）を投資し、中国でテーマパーク12ヶ所を建設する予定を発表した。王氏は「広東省広州市と江蘇省無錫市に建設するテーマパークはそれぞれ香港と上海のディズニーランドから観光客を取り込みたい」と述べた[191]。

土地や運営費が安い地方都市に京劇など中国式テーマパーク展開

2015年1月、万達が中国の10都市以上に中国の要素を取り入れたテーマパークを開設すると発表した。乗り物に京劇や地元の歴史を交ぜて独自色を出し、ディズニーなど米系テーマパークに対抗する。土地や経費が安い地方都市に照準を合わせ、拡大する中間層を取り込みたい。王氏は「**我々はディズニーランドのコピーではない**」と述べた。万達はテーマパークを無錫（江蘇省）や桂林（広西チワン族自治区）、合肥（安徽省）などに順次開業する。テーマは中国式で、乗り物は「世界最先端の技術を取り入れたい」と唐軍副社長は言う。広く世界からアトラクションの提案を受け付ける。万達のテーマパーク担当チームは2014年11月に欧州最大の遊園器具メーカー、独マックライズ社を訪れ、連携強化した。万達がライバル視するのは外資系テーマパークである。サンリオの「ハローキティパーク」（浙江省安吉）、上海ディズニー、ユニバーサル・スタジオ北京などの計画がある。「カンフーパンダ」などで知られる米アニメ大手、ドリームワークス・アニメーションが上海で2017年に開業する「ドリームセンター」には世界最大のIMAXスクリーンを持つ大型映画館を設置する[192]。

---

190 2014/08/20 日本経済新聞　朝刊9頁「児童向けテーマパーク、中国・大連万達集団、2億人市場に的。」
191 2015/01/14 新華社ニュース（メディア新日中）【建設・不動産】万達集団：2000億元でテーマパーク12カ所を建設へ」
192 2015/01/12 日経MJ（流通新聞）10頁「大連万達集団、京劇・歴史のテーマパーク——乗り物「刺激」抑え目、地方都市に照準、外資系迎え撃つ（アジアFocus）」

表1：テーマパーク開業ラッシュ

パーク名	立地	開業時期	投資額(元)	投資額(円)
万達電影楽園	湖北省武漢	2014年12月	35億元	665億円
ハローキティパーク	浙江省安吉	2015年1月	20億元	380億円
上海ディズニーランド	上海市	2015年末	340億元	6460億円
ドリームセンター	上海市	2017年	150億元	2850億円
ユニバーサル・スタジオ北京	北京市	2019年**	120億元	3800億円

出典：2015/01/12 日経MJ（流通新聞）10頁「大連万達集団、京劇・歴史のテーマパーク——乗り物「刺激」抑え目、地方都市に照準、外資系迎え撃つ（アジアFocus）」に加筆。

＊1元＝19円（2015年）、＊＊実際は2021年開業

四川省成都に2兆円規模の大規模SCに観光施設・医療施設併設

　2015年4月、万達は四川省成都市で総額1000億元（約2兆）の大型投資をすると発表した。観光施設を併設した大規模SCや医療施設などを建設する。万達が一都市に投じる額として過去最大である。成都市北部の都江堰市に「万達文化旅行都市」という大型SCを建設する。投資額530億元で2019年開業予定、3万人の雇用創出、年間2000万人の客と売上高50億元を見込む。また500床のベッドを備え、高度な治療を受けられる医療施設や電子商取引センター、6つの商業施設も開く。四川省出身の王氏は「万達がどこまで発展しようと、故郷に貢献できるようにしたい」と述べた。万達は2015年から不動産主体のビジネスモデルを改め、観光や医療、金融など幅広い事業領域を柱とする企業への転身を進める[193]。

不動産市況悪化とネット通販台頭

　2015年5月、万達は不動産市況悪化とネット通販という課題を抱えていた。実店舗を抱える小売業者は苦戦を強いられていた。ネットに慣れた消費者を実店舗に誘導することが生き残りの道である。特に開発が遅れて買い物が不便な内陸部で、ネット通販は家まで配達する。ネットの利便性を知った消費者を商業施設に集客するのは難しい。万達は2014年8月にインターネットサービス大手の百度、騰訊控股（テンセント）と提携すると表明し、ネットで消費者を誘導する仕組みづくりを始める[194]。

---

[193] 2015/04/09 日本経済新聞電子版セクション「大連万達集団、四川省で2兆円規模投資」
[194] 2015/05/19 日経産業新聞 5頁「不動産業、企画立案・管理にシフト、中国・万達——商業施設、

仏オーシャンとパリ郊外に3600億円規模の複合レジャー施設計画

　2016年2月、万達とフランスのオーシャンは30億ユーロ（約3600億円）投じてパリに複合レジャー施設を共同建設することで合意した。万達によると、同計画は敷地面積80ha、建設期間中に約2万人の雇用創出、稼動後に約1.4万人の雇用を創出する。同計画はパリ市北東部で、シャルル・ド・ゴール国際空港近く、パリ市街地まで10キロと近い。建築面積76万平方メートルで、室内テーマパーク、室外テーマパーク、大型ファッションショー、ホテル、ビジネスセンター、コンベンションセンターなどを擁する。EU最大規模の投資プロジェクトになり、フランスとパリ市政府が決定する重点開発プロジェクトでもある[195]。

文化旅遊城にミッキーや白雪姫に似たキャラクター

　2016年6月、万達は江西省南昌に複合娯楽施設「万達文化旅遊城（ワンダ・シティー）」を開業した。220億元（約3720億円）を投じ、随所に中国らしさを演出した。入場料などを安価に抑えることで上海ディズニーに対抗する。広さ200ha、SCやレストラン、ホテル、テーマパークなどを備える。万達は国内外20ヶ所でテーマパークを計画している。中国一の富豪である王氏は開会式で「中国の観光ブランドが外国のブランドより優れていることが明白になる」と述べた。また王氏は「今後10～20年でディズニーが中国事業で利益を出せないようにする」と国営テレビ「中央電視台」でコメントし、ディズニーへの対抗心をあらわにした。国内中間層の取り込みを図るため、入場料は198元（約3300円）と上海ディズニー（370元：約6000円）の約半額に抑えた。さらにディズニーとの差別化のため「中国らしさ」を謳う。しかし園内にはミッキーマウスや白雪姫を連想させるようなキャラクターの姿が見られるなどの問題もあった[196]。

武漢の映画パーク閉鎖、くまモン、ミニオンに似たキャラ

　2016年9月、万達はテーマパーク事業の拡大を急いでいた。上海の西に位置する安徽省合肥市に大型施設を開業し、2020年までに中国で計15ヶ所オープンする計画であった。ソニーの子会社との提携などで力を入れる映画事業に次ぐ娯楽分野の柱に据えたい。しかし開業

ネット通販台頭、対応カギ、消費者誘導の仕組み模索。」
[195] 2016/02/29 新華社ニュース（日本新華夏）「万達とオーシャン、パリに総投資額30億ユーロの複合レジャー施設を建設」
[196] 2016/06/01 日経産業新聞5頁「ディズニー対抗テーマパーク、大連万達、中国南東部に開業、ミッキー似のキャラクターも。」

済み施設では**偽物疑惑**や突然の**閉鎖**も起きていた。上海ディズニーに対抗する戦略実行は険しい。「合肥万達城（ワンダ・シティ）」は約90万平方メートルの広大な敷地に合肥の伝統的な建築様式を模した街並みが広がる。中にある劇場で古代中国の戦争劇が演じられ、城壁を背景に人や馬が躍動し、音響や水を駆使した演出は同施設の売り物である。しかし城壁の上を見ると、奥にそびえ立つ「万達銀座」と書かれたマンション群が見える。古代の世界に現代のマンションが同居する風景となった。合肥万達城の投資額は240億元（約**3600億円**）で、テーマパークや商業施設、ホテルなどを併設する。万達のテーマパークは江西省南昌と合肥、計画中の江蘇省無錫を合わせて上海周辺で計3ヶ所となる。これが<u>上海ディズニー包囲網</u>である。上海ディズニー周辺の3都市に自社テーマパークを展開する。さらに2020年までに南部の広州、内陸の重慶、北部の黒竜江省ハルビンなどにも展開する。王氏は「強い虎も、たくさんの狼には勝てない」と述べた。数の論理でディズニーランドに対抗する計画である。しかし、テーマパーク分野は好調ではない。湖北省武漢に2015年に開業した映画テーマパークは2016年7月に突如閉園した。チケット価格240元が施設の中身に比べて割高に映り、客離れが進んだという。江西省南昌の万達城では、ディズニーの「白雪姫」を模した中国人女性のキャラクターが登場するなど**偽物**騒動が起きた。合肥万達城で「くまモン」や映画「ミニオンズ」などに似たキャラクターが商業施設内を歩いていた。テーマパーク内で行列ができるアトラクションはほとんどなかった。現場は運営ノウハウの習得や人材育成などが、大胆で急激な戦略転換に追い付いていなかった。

　同社のテーマパーク事業への傾注は<u>中国の消費者の関心が「モノ」から「コト」に移った</u>ことによる。万達は創業20年ほどで中国を代表する民間企業に成長した。経済成長が緩やかになり、物欲が満たされた中国人の消費はサービスに移り始めた。年1億人が海外旅行に行き、映画市場が世界一の北米を抜く勢いになった。王氏は不動産からサービス業に転換した。マンション販売から撤退し、百貨店を大量に閉鎖した。一方で映画館チェーンやサッカー・ワールドカップのアジアでの放映権取得などエンターテイメント分野に進出した[197]。

青島に7700億円投じ「中国版ハリウッド」計画

　2016年10月、万達は世界的な映画配給大手と連携し、中国で米ハリウッド映画の製作を始めると発表した。青島に建設中の映画村で、今後3年間に11本の米ハリウッド映画を撮

---

[197] 2016/09/27 日本経済新聞　朝刊11頁「万達、対ディズニー道険し、偽物疑惑や閉鎖…、中国でテーマパーク20年に15カ所、人材・ノウハウ足りず。」

影する。万達は映画分野で外部との連携でソフトパワーの強化につなげ、不動産に代わる新たな事業の柱に据えたい。王氏は米ロサンゼルスで調印式に出て、映画製作で提携するソニー・ピクチャーズ・エンタテイメント、ワーナー・ブラザース、21世紀フォックス、パラマウント・ピクチャーズなどの配給大手幹部らと契約した。王氏は「中国の映画市場は近く世界1位になる。この市場の一部を取りたければ、中国の観客を理解し、喜ばせる方法を考えなければならない」と述べた。万達が青島に500億元（約7700億円）を投じ、2018年に全面開業する予定の映画村「青島東方影都」で映画を製作する。映画村には映画館やテーマパークに加え、最新鋭の撮影機材やセットなどを設ける。この映画村を「中国版ハリウッド」と位置づけ、入場者増加や中国映画産業の飛躍につなげたい。中国の不動産業社だった万達が、名だたる米映画配給会社と組めるようになったのは相次ぐM&Aで世界的な映画館チェーンにのし上がったからである。世界最大の映画市場の北米で2012年、米映画館チェーン2位のAMCエンターテイメント・ホールディングスを26億ドル（約2700億円）で買収し、次に同業のカーマイク・シネマズ買収も表明した。2016年は欧州最大手の英オデオン・アンド・UCIシネマズの買収を発表した。

　万達はすでに中国最大手の映画館チェーンである。一連の買収がすべて完了すればスクリーン数1.3万超えとなり、欧州、米国、中国にまたがるチェーンが誕生する。万達としても有力作品を自社の映画館に引き込めば観客増につながる。また米国版「ゴジラ」などの製作で知られる米製作会社レジェンダリー・エンターテイメントを買収し、ソニーとも提携した。製作過程にからむことで、より中国人好みの作品にし、さらに観客動員数を増加させたい[198]。

王氏、資産3.3兆円で中国長者番付1位

　2016年11月、胡潤研究院がまとめた2016年中国富豪番付で万達の王氏が資産額2150億元（約3.3兆円）で1位になった。2位はアリババ集団の馬雲会長、3位は騰訊控股の馬化騰CEOとなった。同番付は総資産が20億元を超す実業家が対象で、リストの人数は初めて2000人を超えた。ただし中国では2015年半ばに株バブルが崩壊した。人民元は2014年初の高値から約1割下落した。景気の鈍化傾向の中、富豪たちの資産額の伸び率は平均7%にとどまった。なお、2021年に債務不履行に陥りそうと報道された**恒大集団の許家印氏は1.2兆円**と30%増加させた[199]。

---

[198] 2016/10/27 日経産業新聞 5頁「大連万達集団の「中国版ハリウッド」、米配給大手と11本製作へ、18年、青島に映画村、中国人好みの作品目指す。」
[199] 2016/11/08 日経産業新聞 4頁「中国富豪、万達の王氏首位、今年の番付、資産額3.3兆円、上位

海南省海口に8000億円で16ヶ所目の万達城を契約

　2016年11月、万達は500億元（約8000億円）を投資し、大型テーマパーク併設の複合商業施設「万達城」を海南省海口市に建設することで同市政府と合意書を締結した。16ヶ所目の「万達城」となる同施設は海、湖、川に隣接し絶好の景観である。陸上テーマパークの一部はビーチにつながる。2017年上半期（1-6月）に着工し、2020年開業予定で、稼働すれば年間旅客取扱量は延べ1000万人を超える計画である[200]。

王氏拘束の噂、総工費3300億円で黒竜江省ハルビンに開業

　2017年7月、万達は黒竜江省ハルビンに室内スキー場を併設した複合型テーマパーク「万達城」を総工費200億元（約3300億円）で開業した。80haの敷地に室内スキー場、テーマパーク、商業施設、ホテルなどを備える。同社は地域の特性に応じてテーマパークのコンセプトを変える。ここでは黒竜江省と交流が深いロシアをテーマにした。王氏は「万達城の運営を世界で一流にするとともに、ハルビンを世界的な観光地にしたい」と述べた。中国当局が万達に**融資リスク**を点検するよう銀行に指示したとされる。王氏は開業式でこの件に言及しなかった。王氏が**拘束**されるとの見方もあった。式典に党委書記や省長といった省のトップクラスが出席しなかった。大型投資にかかわらず、幹部が欠席する異例の事態となった[201]。

テーマパークやホテルを1兆円で譲渡

　2017年7月、万達は中国各地に持つテーマパークやホテルなどの権益を総額632億元（約1兆600億円）で同業の融創中国控股（以降、融創）に譲渡すると発表した。売却額は13ヶ所のテーマパークに関する権益の91%が295億7500万元、76のホテルが335億9500万元である。テーマパークなどのブランド名としては「万達」ブランドを維持し、運営も引き続き万達が実施する。事業に関する債務は融創が引き受ける。万達を巡って、同年6月下旬に中国の銀行監督当局が大手銀行に対して、融資内容を調査するよう命じていたことが発覚した。万達は映画製作会社などの巨額の海外買収を繰り返しており、**海外への資本流出や債務の膨張を当局が牽制**したとみられた[202]。

に不動産・IT関連。」
[200] 2016/12/05 新華社ニュース（メディア新日中）「【建設・不動産】万達集団：16カ所目の「万達城」を海口市に建設、2020年開業」
[201] 2017/07/01 日本経済新聞電子版セクション「大連万達、室内スキー場併設の施設開業」
[202] 2017/07/10 日本経済新聞電子版ニュース「大連万達、テーマパークやホテルを1兆600億円で売却」

万達の総資産14兆円、サービス業を強化するが低利益率

2017年7月、万達は総資産8826億元（約14.1兆円）としており、631億元（約1兆円）で売却する資産は全体の一部、今後も商業施設など資産圧縮を進めるとみられた。王氏は借入金の返済方法は「商業施設のテナント収入などで得た利益」と言う。すでに不動産業からサービス業へ転換し、「持たざる経営」へ移行する。この売却でもホテルやテーマパークは売却するが、運営権は維持し、サービス事業を強化する。ただし不動産売買に比べ、施設運営などのサービス業の利益率は一般的に低いので、サービス業で稼いで借入金を完済するのは難しい。残る不動産で有望視されるのがマンションや開発用の土地の使用権に加え、「万達広場」として展開する203の商業施設、「万達影城」など447の映画館である。いずれも中国でのブランド力は高く、幅広い消費者に支持される。外資系大手よりも格が落ちるホテルは、成長が未知数なテーマパークに比べて資産価値が高い[203]。

資産売却先に5000億円融資、不透明取引か

2017年7月、万達がホテルなどの大半を売却する取引を巡り、万達が買収先に融資することが分かった。融資額は296億元（約5000億円）と、売却総額の半分に上る。万達が借入金返済に向けて資産売却を急いだ結果、買収先に有利な条件を提示せざるを得なかったらしい。万達は融創に631億元（約1兆円）で売却するにあたり、うち296億元（約5000億円）については借入金を充当すると表明した。借入先は万達で、万達が銀行から借りた後、融創に貸し出し、融創はそれを再び万達に支払う契約になっているらしい。このため万達に実際に入る金額は約335億元のみである。融資額はテーマパークの売却額とほぼ一致するが、このテーマパークの半数以上は建設中だった。融創が開園を疑問視する中、資産売却を早く進めたい万達の焦りが、不透明な合意につながったらしい。この頃、万達は有利子負債が増大し経営危機に陥っていた[204]。

3200億円でホテル売却先を富力地産に変更

2017年7月、万達は融創に売却予定だったホテルを別の中国企業に売却すると発表した。テーマパークと合わせた売却総額は637億元（約1.6兆円）と、当初より増えた。万達はこ

---

[203] 2017/07/11 日本経済新聞　朝刊11頁「大連万達、資産売却1兆円——ホテルやテーマパーク売却、「持たざる経営」に移行。」
[204] 2017/07/13 日本経済新聞　朝刊11頁「万達、資産売却先に5000億円融資、不透明取引、懸念広がる。」

の合意で海外企業の積極買収で膨らんだ借入金の返済を急ぐ。同業大手の富力地産（本社、広州市）に 77 のホテルを売却する。残る 13 のテーマパークは予定通り融創に売却する。売却額の内訳はホテルが 199 億元（約 3200 億円）、テーマパークが 438 億元（約 7000 億円）、全額を借入金の返済に充てる。また万達は融創への融資を取りやめた。傘下の不動産子会社、大連万達商業地産の有利子負債が現時点で 2000 億元に上ることも明らかにした。北京で会見した王氏は「これで大幅に負債を軽減できる」と述べた[205]。

マレーシア最大級の不動産開発プロジェクト参加断念

2017 年 7 月、万達がマレーシア最大級の不動産開発プロジェクトへの参画を断念した。人民元の海外流出を懸念する中国当局の締め付けを受ける中、海外への投資を抑制する姿勢を示した。同プロジェクト「バンダル・マレーシア」はクアラルンプール市内の軍事基地跡地の再開発計画である[206]。

中国長者番付で王氏の資産 3 割減で 5 位に

2017 年 10 月、王氏の資産が 3 割減少した。英会計士ルパート・フーゲワーフ氏が発表した中国富豪番付で、王氏はテーマパークやホテルを売却した結果、資産を 3 割ほど減らし 5 位に後退した。恒大集団の許家印氏が初めて首位になった。許氏の資産額は 2900 億元（約 4.9 兆億円）、2 位は騰訊控股の馬化騰 CEO、3 位はアリババ集団の馬雲会長となった[207]。

米 S&P、万達子会社をジャンク級格付に引き下げ

2017 年 11 月、万達は中国当局に事実上の有利子負債の圧縮を求められ、王氏は「今後は借入金の返済を進める」と述べた。米大手格付け会社は子会社の長期格付をジャンク級に引き下げた。万達は中国当局が金融機関に対し、万達の信用調査を求めたことを受け、金融機関からの資金調達が事実上困難になった。王氏は「万達の有利子負債額は約 2000 億元（約 3.2 兆円）あるが、現預金が 1000 億元（約 1.6 兆円）あるので、資産売却分を合わせれば大部分の銀行借り入れを返済できる。子会社の上場も進め、銀行以外からの資金調達も可能」

[205] 2017/07/20 日本経済新聞　朝刊 11 頁「大連万達、ホテル売却先を富力地産に変更、借入金を返済。」
[206] 2017/07/26 日本経済新聞電子版セクション「大連万達、マレーシアの開発参画断念　海外投資抑制」
[207] 2017/10/12 日本経済新聞電子版ニュース「中国富豪番付　不動産大手、恒大集団の許氏が首位－資産額 4 兆 9000 億円　アリババ、マー氏は 3 位」

と言う。しかし米格付け会社 S&P グローバル・レーティングは万達の中核子会社で不動産大手の万達商業地産の長期格付けを「BBB マイナス」から「BB」に引き下げ、ジャンク級と認定した。借入金の明確な返済計画がない、子会社上場の見通しが立たないことなどを挙げた。万達は格付けを引き下げられたことでより資金調達が困難になった[208]。

サッカーのアトレティコ・マドリード株 60 億円分を売却

2018 年 2 月、万達がスペインの名門サッカークラブ、アトレティコ・マドリードの株式17%を売却した。売却先はアトレティコの株式を 15%握るクアンタム・パシフィック・グループで、売却額は明らかにしていない。万達はスポーツ事業の拡大や欧州での知名度向上を狙い、2015 年に同クラブに 4500 万ユーロ（約 60 億円）を出資した。当時、欧州のサッカークラブに出資した初めての中国企業となった。その後、スポーツ関連企業や映画館運営会社などの海外企業を次々と買収し、有利子負債も増大した[209]。

外資ホテルと提携解消し自社運営に、建物の管理・運営に専念

2018 年 4 月、万達は外資ホテルチェーンとの提携を解消する方針を固めた。共同運営する約 10 の高級ホテルを自社ブランドに転換する。新たに開業するホテルはすべて単独で運営する。ホテルの運営・管理を自社で手掛けて収益確保につなげたい。仏ホテル大手アコーと共同運営する「北京万達ソフィテルホテル」を「万達文華ホテル」に変えた。今後も外資との契約期間が終了したら順次単独運営に移行する。外資との提携ホテルでは万達が建物を所有して賃料収入を得て、運営は外資に任せる。万達関係者によると、外資に運営を委託していても収益が出ないことから、提携解消を決めた。同社はすでにマンションや商業施設などの不動産開発から撤退し、建物の管理・運営に専念する方針を表明した[210]。

青島の「中国版ハリウッド」総工費 8600 億円もぱっとせず

2018 年 5 月、万達は経営危機に陥っていた。海外での積極的な M&A を中国当局が問題視してから資金調達方法を絶たれた。同年 4 月に開業した映画施設を核とした「中国版ハリ

---

[208] 2017/11/28 日経産業新聞 21 頁「万達、幹部辞任・転籍相次ぐ――資産 1 兆円売却、負債圧縮、経営立て直し急ぐ。」
[209] 2018/02/16 日本経済新聞 朝刊 13 頁「大連万達、サッカークラブ株売却、スペイン名門、資金繰り悪化で。」
[210] 2018/04/07 日本経済新聞 朝刊 11 頁「万達、外資ホテルと提携解消、全て単独運営に。」

ウッド」こと、青島の「東方影都」は華やかさに欠け、新たな収益源ではなかった。王氏は「この施設が中国の映画産業を発展させ、世界に発信する力となる」と開業式典で述べた。東方影都は敷地 376 万平方メートルに最新技術を駆使した 30 の撮影スタジオ、音響施設などを抱える「映画村」を中心にホテルやテーマパーク、商業施設などを備え、総工費 500 億元（約 8600 億円）である。盛大な起工式にレオナルド・ディカプリオ、ニコール・キッドマン、ジョン・トラボルタなどハリウッドの大物俳優を多数呼んだ。しかしその 4 年半後の開業式には海外の大物どころか、中国のスターすらいなかった。税収や雇用増加につながる万達の大型施設の開業には政治家が必ず来ていたが、省政府レベルの幹部も来なかった。万達の 2017 年夏以降の資産売却額は合計 1100 億元を超えた。王氏は「借入金の問題は目処が立った」と言う。かつての「爆買い」による急成長から一転、当局に目を付けられて資産の「爆売り」となった。青島の「中国版ハリウッド」の大半は売却済みで、万達は施設を借りて運営する立場となった。米ハリウッドとの合作映画の撮影場所にする構想だったが、ハリウッド各社が様子見に転じ、収益源にならなくなった。万達の 2017 年 12 月期の連結売上高は前期比 11%減の 2273 億元（約 3.9 兆円）に落ち込んだ。マンション販売などの不動産部門を縮小する「持たざる経営」へと移行し、同部門の売上高が 21%減少したことが響いた。万達グループ全体の最終利益や有利子負債の総額は非開示のままである。かつて中核子会社の大連万達商業地産が香港取引所に上場していたが、2016 年に上場廃止した[211]。

「中国のディズニー」計画破れ 1000 億円で売却

　2018 年 11 月、万達が目指していた「中国のディズニー」の野望が潰えた。計画中を含む 13 ヶ所のテーマパーク運営権を融創に 63 億元（約 1000 億円）で売却すると発表した。万達は借入金増大で傾いた経営の立て直しを優先する。事業の大半を売却することで、映画や商業施設などに注力する。両社は王氏が保有するテーマパーク運営会社「万達文化管理」の株式 75%を 45 億元（約 720 億円）で売却し、テーマパーク関連の傘下の投資会社も売却することで合意した。万達は建物の所有者と運営者が異なることで、運営方針や工事の進捗など、様々な不便が生じるため売却に至ったと述べた。しかし実際は膨らんだ借入金の返済を優先したとの見方が強い。王氏は上海ディズニーランドに対し、「（我々がいる限り）2020

---

211 2018/05/02 日本経済新聞　朝刊 8 頁「背水の「中国版ハリウッド」、2 兆円資産売却の万達、米と合作撮影進まず。」

年は利益を出させない」と宣言した。しかし事実上のテーマパーク事業撤退で万達の「**打倒ディズニー**」**の野望**はほぼ絶たれた。比較的好調な映画や商業施設の運営に注力する[212]。

毛沢東らが暮らした共産党革命の地に歴史や文化を学ぶテーマパーク計画

　しかし、万達は終わらなかった。2019年4月、万達は大型テーマパークの運営に再参入すると発表した。120億元（約2000億円）を投じ、陝西省延安市で2021年に開業する。「共産党革命の聖地」と呼ばれる同市で中国の歴史や文化を学ぶ施設や劇場をつくる。中国当局の資金締め付けで資産を売却してきた万達は、成長路線を再び目指す。王氏は「年間1000万人を超える観光客を呼び、1万人以上の雇用を創出する」「（開業する2021年は）中国共産党の設立から100周年。テーマパークはその贈り物」と延安市での着工式で述べた。その施設名は「紅色のテーマパーク」、用地128ha、建築面積270万平方メートルである。延安市は中国建国前、毛沢東ら党関係者が生活していた土地である。体験施設や劇場では中国の歴史や文化を題材としたプログラムを整備する。高級ホテルやレストラン、スケート場などのスポーツ施設を併設する。中国では国有銀行が大きな影響力を持つ。共産党や政府の意向を受けるので、資金の蛇口を閉めれば万達のような中国企業はひとたまりもない。万達は中国の歴史や文化を学ぶテーマパーク建設で共産党との連携を強めたい[213]。

　しかしこのテーマパークは2023年2月18日現在その場所に無いようである。

共産党に従い開発が遅れる東北地方に1.3兆円投資

　2019年5月、万達は積極的な投資を再開していた。同社は資産圧縮で財務が改善したため最大1600億元（約2.6兆円）を視野に入れた商業施設やテーマパークを開発する。東北地方を振興したい共産党に従う。王氏は「東北地方は大きな投資がないと思われがちだが、発展する未来がある」と瀋陽市で開いた調印式で述べた。800億元（約1.3兆円）を投じ、5つの商業施設やホテル、テーマパークなどを建設する。有力産業がひしめく中南部と比べ東北地方は国有企業が多く低成長で、中国経済の足枷となっていた。習近平国家主席は2018年に遼寧など東北3省を訪れ「（民間企業との連携など）経済の開放を進めろ」と檄を飛ばした。万達は2019年4月以降、投資計画を相次ぎ発表した。内陸部の甘粛省では今後3年間で約450億元を投じて商業施設やホテル、テーマパークを開業する。広東省でも200億元を

---

212 2018/11/22 日経産業新聞14頁「破れた「中国のディズニー」、万達、13のテーマパーク売却、経営立て直し優先、映画・商業施設に注力。」
213 2019/04/19 日本経済新聞電子版「中国・万達、「革命の聖地」にテーマパーク」

投資する。復活を狙ったこの巨額投資には政治的な配慮が見え隠れする。ある業界関係者は
「中国経済の減速を食い止めたい共産党の思惑に応える国内投資を打ち出すことで、当局か
ら融資を引き出したのでないか」と言う。万達の事業環境は逆風で、国家統計局によると、
商業分野の不動産投資は2018年に2年連続で減少した。中間層拡大に伴い2000〜2014年
は前年比2〜3割増のペースで伸びたが、消費意欲が頭打ちとネット通販台頭で商業施設の
成長が鈍化した。不動産コンサル会社、同策房産の張宏偉氏は「商業施設は飽和状態にある。
住宅投資よりも資金回収に時間がかかるのが難点」と言う[214]。

王氏の息子の不動産、株、預金など資産差し押さえ

　2019年11月、王氏の息子、王思聡氏が自身の名義の不動産などの資産をすべて差し押さ
えられた。これに先立ち、王思聡氏は消費制限命令も受けていた。新興メディア、紅星新聞
によると、北京市第二中級人民法院は記者会見で王思聡氏へ執行通知書と財産の報告命令書
を送達し、王思聡氏の資産を調査した上で、不動産、車両、銀行預金などの資産を差し押さ
えた。企業の信用情報を扱う公共データベース「天眼査」によると、王思聡氏が董事長を務
め、100％の株式を保有する北京普思投資（以降、普思資本）の株式が上海市宝山区人民法院
により凍結された。凍結金額は不明である。中国の裁判所が運営する「中国執行情報公開網」
は同月6日、王思聡氏の名前を被執行者リストに載せた。執行法院は北京市第二中級人民法
院である。また上海市嘉定区人民法院は王思聡氏に対し消費制限命令を下した。普思資本は
王思聡氏の投資のスタートポイントといわれる。

　父の王健林氏は2009年、**息子に5億元（約77億円）を与え「練習させる」「失敗したら
もう一回5億元を与え**、それでもうまくいかなければ万達で仕事をすればよい」と言ったと
される。その後、王思聡氏は普思資本を設立した。普思資本の公式HPによると、投資規模
は30億元（約464億円）を超える。投資案件は「360」「大衆点評」「人人車」など32社、
投資領域はゲーム、eスポーツ、飲食業など多岐にわたる。「天眼査」には、普思投資の経営
リスクとして6件、留意すべきリスクが273件、周辺リスクはさらに多く876件が指摘され
ている。王思聡氏は20社の法定代表者、33社の株主、36社の高級管理者で、111社で実質
的支配権を握っている[215]。

---

[214] 2019/05/22 日本経済新聞　朝刊8頁「万達、復活へ2.6兆円投資、中国東北部、商業施設など開
発、当局に配慮、債務拡大も。」
[215] 2019/11/25 AFP BB News「万達集団の董事長の息子の資産差し押さえ、消費制限命令も　中国」
2021年10月22日アクセス https://www.afpbb.com/articles/-/3256564

欧米の映画会社を売却、中国内の映画館のみ

　2021 年 6 月、万達が海外の映画館事業から完全撤退する見通しとなった。米グループ企業の株式放出で欧米の拠点を失い、残る事業も売却の検討に入ったらしい。M&A で一時は世界一の映画館チェーンになったが、中国当局の圧力で失速した。万達は世界最大手の映画館運営チェーン、米 AMC エンターテイメント・ホールディングスのほぼ全株を売却した。2012 年に 26 億ドル（約 2800 億円）で買収後、2018 年から段階的に株を放出し、一連の売却総額は 11.5 億ドルにとどまった。株売却で失ったのは AMC の拠点だけではない。AMC を通じて英オデオン・アンド・UCI シネマズや米カーマイク・シネマズ、スウェーデンのノルディック・シネマ・グループなど各国の映画館大手を買収した。AMC は 14 ヶ国に約 1 万スクリーンを持つ企業に育った。しかし新型コロナによる行動制限、ネットフリックスなど動画配信サービス台頭で、映画館は世界的に低迷した。残る海外映画館チェーンはオーストラリア 2 位のホイツのみとなった。王氏にとって映画への思い入れは強かった。映画館だけでなく、制作や配給を含むすべての分野で世界一となる「映画王」へと邁進した。王氏の野望を砕いたのは中国政府だった。万達は国内首位の映画館事業に注力する。2022 年までに 31 億元（約 530 億円）を投じ、約 160 ヶ所増やす。万達の負債額は大連万達商業管理など国内主要 3 社だけで約 3000 億元に上る。2017 年に万達とともに当局の融資規制を受けた企業はその後、転落した。保険大手の安邦保険集団は政府の管理下に置かれ、2020 年に解散した。海南航空を傘下に持つ海航集団は巨額の債務を抱え、更生手続き中である。いずれも当時は中国を代表する急成長企業だった。中国は IT 企業に対する締め付けを強化していた。アリババは 2021 年 4 月、独占禁止法に違反したとして約 3000 億円の罰金を科された。騰訊控股も同月、過去に実施した国内企業への出資案件をめぐって罰金命令を受けた[216]。

3.発見事項と考察

　本章では、万達が「中国版ディズニー」を目指してテーマパーク事業に参入し、無謀な投資を繰り返した経緯を考察し、次の点を明らかにした。

　第 1 に、万達のテーマパーク事業への傾注は、中国の消費者の関心が「モノ」から「コト」に移っていることとネット通販台頭による。経済成長が緩やかになり、物欲が満たされ、消費はサービスに重心が移り始めたため、不動産からサービス業への転換を決断した。万達の

---

[216] 2021/06/01 日本経済新聞　朝刊 12 頁「万達、海外映画館事業に幕、AMC 株売却、欧米拠点撤退、当局圧力、転落の引き金。」

狙いは、①巨大市場の開拓、②商業施設への集客である。万達は2015年から、不動産主体のビジネスモデルを改め、観光や医療、金融など幅広い事業領域を柱とする企業への転身を進めた。実店舗を抱える小売業界は苦戦していた。それで高齢化社会を見込んで医療併設型SCを作ったのだろう。本書ではテーマパークという視点で観光業界を考察するので医療に注目しないが、中国は少子高齢化社会で商業施設にクリニック併設など、日本に多いビジネスモデルが主流になるだろう。

　第2に、万達は中国各地の主要都市の中心部に巨大SCを展開し、映画館、ボウリング場、ゲームセンターなどアミューズメント施設を併設し、キャラクターや高級ホテルを組み合わせた「ディズニー型」の事業展開を目指した。同社は2015年に約3.8兆円を投じ、中国でテーマパーク12ヶ所を建設すると発表した。王氏は「広東省広州市と江蘇省無錫市に建設するテーマパークはそれぞれ**香港と上海のディズニーランドから観光客を取り込みたい**」と述べた。

　第3に、万達は「中国版ハリウッド」「中国版ディズニー」を目指し、青島に8100億円で映画村「東方影都」を作った。王氏は「世界の映画市場の未来は中国にある」「今後3〜5年で世界的な知名度を持ち、8〜10年でディズニー並みの影響力ある企業になる」と述べた。ハリウッド大手のソニー・ピクチャーズ、ワーナー・ブラザーズ、21世紀フォックス、パラマウント・ピクチャーズなどの配給大手幹部らと契約した。王氏は米ロサンゼルスの調印式で「中国の映画市場は近く世界1位になる。この市場の一部を取りたければ、中国の観客を理解し、喜ばせる方法を考えなければならない」と述べた。王氏の強気な発言が目立った。青島の映画村の竣工式にレオナルド・ディカプリオ、ニコール・キッドマン、ジョン・トラボルタなどハリウッドの大物俳優を多数呼び盛大に行った。しかしその4年半後の開業式には、海外の大物、中国のスター、省政府レベルの幹部も来なかった。万達が凋落したことが分かる。

　第4に、万達は米ディズニー社のテーマパークの開発担当を務めたロン・ジェームス氏を採用した。万達は資金力があるので、このような人材を雇うことができる。ただし万達のテーマパークは魅力に乏しいらしい。このような人材を雇っただけでは魅力あるパークになるか分からない。また「合肥万達城」は合肥の伝統的な建築様式を模した街並みで、その上に現代のマンション群が見える。生前ウォルト・ディズニーは、日常生活を完全に遮断するために園内から外界が見えないように設計したが、万達城からは日常生活が見えるようだ。また江西省南昌の「万達文化旅遊城」（総工費約 3720 億円）にミッキーマウスや白雪姫を連想させるキャラクターがいた。王氏は「我々はディズニーのコピーではない」と発言したの

に、類似のキャラがいたらしい。これは現場の暴走で王氏は知らなかったのか、知っていたのか不明である。

　第5に、万達の複合レジャー施設は1ヶ所当たり3000億円から8000億円など、極めて高額である。2001年開業のTDSは総工費約3300億円、USJは約1800億円であった。中国の地方都市にその金額を投資して回収できるのか。またその金額の価値があったのか。本来の価格よりも多く支払った可能性はないのか。日本のバブル期のテーマパークへの乱脈投資に似ている。未経験者がテーマパーク事業に参入すると適正価格より多く取られる「ボッタクリ」にあうことがある。

　第6に、万達は2016年に仏オーシャンとパリ郊外に3600億円規模の複合レジャー施設計画を発表した。ヨーロッパにも進出したいようである。パリ郊外に80haは広い。この広さの用地を確保できたのなら成功させたい。またフランス、特にパリに進出するということは、強いブランド志向、セレブ志向と思われる。

　第7に、王氏は2016年に中国一の富豪になり、新施設の開会式で「中国の観光ブランドが外国のブランドより優れていることが明白になる」と述べた。自信満々なようで、王氏は「今後10〜20年でディズニーが中国事業で利益を出せないようにする」と中国の国営テレビで述べ、**ディズニーへの対抗心**をあらわにした。万達は江西省南昌と合肥、計画中の江蘇省無錫を合わせて上海周辺で計3ヶ所のテーマパークを新設する。これが**上海ディズニーランド包囲網**である。王氏は「強い虎も、たくさんの狼には勝てない」と、数の多さでディズニーランドに対抗した。この頃、王氏の強気発言が目立った。しかしながら、武漢に2015年に開業した映画テーマパークが突如閉園した。240元というチケット価格が施設の中身に比べて割高に見え、客離れが進んだ。合肥万達城では、テーマパーク内で行列ができていたアトラクションはほとんどなかった。万達は、資金力はあるが、現場に運営ノウハウや人材育成などが不足していたようである。

　第8に、2017年に中国当局が万達の融資リスクを点検するよう銀行に指示したことで、S&Pに子会社の株をジャンク級に下げられるなど、失速した。万達の失速は当局のせいなのか、急速な事業展開に売上高や利益が追いついていなかったせいなのか。回復できるのか。また王氏は息子に5億元（約77億円）を与え「練習させる」「失敗したらもう一回5億元を与え、それでもうまくいかなければ万達で仕事をすればよい」と言ったとされる。今後、王氏（1954年生）の年齢が上がり、息子に会社を継がせたら大きく傾く典型ではないのか。この人の子供に生まれたら、ハングリー精神は無いだろう。

本章の限界は、共産党や中央政府の方針で民間企業の経済活動が抑制されるなど、資本主義の国では起こらないことは分からないことである。本章の貢献は、中国のバブルの象徴のような万達集団のテーマパーク事業の経緯を日本で初めて明らかにしたことである。

4.まとめ

万達のテーマパーク事業は 2013 年から急速な展開で、バブル期のドタバタ騒動の様相を呈した。中国当局に目をつけられて潰されたようにも見える。しかしディズニーのキャラクターに似たキャラクターがいる、施設全体の魅力が無いなど、当局の横やりが入らなかったとしても、どうなったか分からない。

ところが、王氏はこれで終わらなかった。万達は 2019 年に共産党や中央政府の意向に沿うことで復活しそうであった。毛沢東らが暮らした「共産党革命の聖地」である延安市に 2000 億円を投じて、中国の歴史や文化を学ぶ施設「紅色のテーマパーク」を作る。これで共産党や中央政府に好印象を与えられる。ただ、毛沢東は今でも人気と集客力があるのか。歴史や文化を学ぶテーマパークはこれまで色々なテーマパーク計画に上がったが、エンターテイメント性が低く、面白くなく、「1 回だけ需要」になりがちで、リピーター獲得が難しい。「1回だけ需要」とは「観光地などに 1 回だけ行けばいいとリピートしないこと」と筆者が前著で定義した。

万達は習近平指導部が望む東北地方の開発に入ったため、今後は当局に目をつけられ妨害されることはないだろう。資本主義の国では、このように国家権力の妨害で民間企業の経済活動が潰されるケースはあまり無い。共産主義の国ならではの事態である。

強いハングリー精神とグリード（強欲）資本主義か

筆者は米ハリウッドの映画業界の研究をしていて、「ハリウッドはその時代に最も資金力のある国の企業から資金調達する」「ハリウッドは『夢と憧れ』を売って資金調達する」と知った。2010 年代後半、万達は最も資金力のある企業の一社だった。そしてハリウッドに接近する経営者は、**強いブランド志向、セレブ志向、派手好き、気が強くて攻撃的な性格**の人が多い、と筆者は感じる。王氏も例にもれず、記者会見や竣工式、テレビ出演などで「打倒ディズニー」「香港と上海のディズニーランドの客を取る」「上海ディズニー包囲網として上海周辺に 3 つのテーマパークを作る」「我々はディズニーのコピーではない」など好戦的な発言が見られた。王氏は集英社の『週刊少年ジャンプ』作品に出てくる悪役に似ている、と筆者は感じる。自分の帝国を築こうとしていると感じる。

日本経済は1990年代初頭からの30年間、不況で縮小均衡、低成長で自信を失っているのでこのような自信満々な経営者は珍しい。それに対して、中国経済は1990年代初頭からの30年間、高度成長で好況、拡大均衡で自信過剰になったためか、このような自信満々な経営者がいるのではないか。日本経済は戦後の復興期からバブル崩壊の1991年まで成長期にあったので、バブル期の経営者は数十年間、経済成長と成功経験を積み重ねて自信をつけた。王氏は日本のバブル期の経営者に似ている。

　王氏は1954年生まれ（2023年に69歳）で、15～16歳で陸軍に入り、非常に苦労しながら鍛えられたのだろう。まだ60代でパワーとハングリー精神があるなら、中央政府や共産党に気に入られる事業内容で這い上がってくる、と筆者は予想する。「打倒ディズニー」を掲げるハングリー精神は立派なので、不動産事業を主軸に据えた事業に軌道修正したらどうか。国が裕福になってから生まれた世代はハングリー精神が弱い傾向にある。貧しい時代に生まれ、軍隊で鍛えられた王氏がもう一花咲かせたらどうか。王氏はリーマンショック後に露見したアメリカ型「グリード（強欲）資本主義」を彷彿とさせる経営者とお見受けした。

　王氏は間違いなく「反ディズニー」の執念を燃やしている。そして筆者は気づいてしまった。「私もディズニーに執念をもやしている」と。厳密には、ディズニーを中心にテーマパーク全般の研究に執念を燃やしている。筆者と王氏は執念を燃やす行動が異なる。ウォルト・ディズニーも反骨精神が強く、向上心の塊であった。私的な感情であるが、筆者は中国人経営者の中で王氏が一番好きな経営者である。しかも本書の中でこの万達の第5章が一番のお気に入りとなった。

ディズニーランドを目指した3経営者の比較

　日本でディズニーに心酔してテーマパークを開業した経営者といえば、川崎千春氏（TDLを経営するオリエンタルランド初代社長）と辻信太郎氏（サンリオ創業社長）である。両氏はディズニーが好きで、ディズニーをポジティブに見ていた（中島, 2022a）。しかし王氏は「打倒ディズニー」を掲げ、戦って倒すこと、客を奪うことに燃えた。ここが最大の違いである。川崎氏と辻氏はポジティブで前向きで素直な性格、王氏はネガティブで嫉妬心が強いひねくれた性格、野心と反骨精神が強いと推察できる。

　数年前、テレビで漫画家特集を見ていたら、手塚治虫先生に憧れ、慕って漫画家を目指す若い漫画達（藤子不二雄先生など）の中で、さいとうたかを先生だけが「打倒！手塚治虫」を掲げていたと知った。さいとう先生の代表作は「ゴルゴ13」「鬼平犯科帳」等である。手塚先生の作品は青少年の健全な育成に寄与する内容が多いのに対し、さいとう先生の作品は

大人の闇を描いている。さいとう先生は大人向けの劇画というジャンルを確立した。藤子・F・不二雄先生と藤子不二雄Ａ先生は、手塚先生と同じジャンルに挑んだが、さいとう先生はジャンルの差別化に成功した。なお、筆者は「ゴルゴ13」などが好きで、さいとう先生のファンである。ファンだからこのことを知っていた。

　王氏は「打倒ディズニー」を含む、何かに対する反骨精神でここまで這い上がってきたと思われる。素直な性格の人はディズニーに憧れ、心酔し、ディズニーランド建設を目指す。対象的な経営者を発見し、興味深く、大変惹かれた。筆者は王氏を見ていて、さいとう先生を重ねた。王氏の復活を祈念する。

表2：4人のテーマパーク経営者の比較

経営者	生年	国	本業	テーマパーク	対ディズニー思想
ウォルト・ディズニー	1901	米	ディズニースタジオ（アニメ映画）	ディズニーランド	
川崎 千春	1903	日	京成電鉄	TDL	憧れ、夢、ロマン
辻 信太郎	1927	日	サンリオ	ピューロランド	憧れ、心酔、目標
王 健林	1954	中	大連万達（不動産）	万達城	敵対心、打倒、野望

筆者作成

短編4　香港海洋公園の奇跡的V字回復

1.はじめに

2014年当時、香港では香港ディズニーより香港海洋公園（Hong Kong Ocean Park）の方が人気で、年間入場者数で上回った。香港海洋「公園」という名前であるが、入場無料の公共の公園ではなく、海をテーマにした有料のテーマパークである。

本編では、香港海洋公園がV字回復した経緯を考察する。

2.香港海洋公園の成功要因
2人の実業家が異業種から転職し低予算で成功

2008年1月、深刻な客離れで閉鎖が検討されていた香港海洋公園が蘇ったと報道された。2006年度の入場者数は過去最高を更新し、2005年に鳴り物入りで開業した香港ディズニーに大差を付けた。大型遊具や有名キャラクターがるわけではない。開業から30年のテーマパークに**香港版旭山動物園**といえる奇跡が起こった。同園は1977年開業、入場者数は1996年度の380万人がピークで、それ以降低迷を続けた。2000年度の入場者数は280万人にまで落ち込み、古びたジェットコースターなどしかなく、一時閉鎖が検討されていた。しかし6年余りで復活し、2006年度の入場者数は492万人、香港ディズニーの400万人を上回った。米経済誌フォーブスは2006年、世界10大テーマパークの一つに同園を選んだ。香港理工大学の葉占雄副教授（観光学）は「優れたマーケティング戦略が香港ディズニーに圧勝した要因」と分析した。

同園の復活を牽引したのはカナダ育ちの著名実業家、アレン・ジーマン氏である。ジーマン氏は香港で数多くの**飲食店**を成功させた手腕を買われ、2003年7月に会長に抜擢された。同氏の戦略は、同園の潜在力を引き出し、経費をかけずに集客することで、その成果が「クラゲ万華鏡」であった。会長就任当時、同園は赤字を垂れ流し、大規模な遊具を導入する資金が無かった。苦肉の策として浮上したのがクラゲで、施設は従来からある建物を改装、クラゲは各国の水族館から譲り受けた。投資総額は700万香港ドル（約**1億円**）であった。ジーマン氏は成功を確信し、お披露目の記者会見にクラゲの着ぐるみを着て臨み、見せ方をもっと工夫すればうまくいくとコメントした。香港紙「成報」は香港ディズニーと比較し「水母撃敗米奇老鼠！」（クラゲがミッキーマウスを破った）という記事を載せた。口コミで人気が広がり長蛇の列が続いた。

同園復活のもう一人の立役者が貝寶華（ポール・ペイ）氏で、**ホテル業界**から転身し、2000年にマーケティング部門の責任者に就任した。貝氏は「口を開けて客を待つだけだった戦略を土台から練り直した。職員の意識を変えるところから始めた」と述べた。2001年秋、同園初のイベント「萬聖節（ハロウィン）」が開かれた。地元市民の知名度はいまひとつだが、貝氏は話題作りが大事と押し切った。職員が妖怪に扮し、入場者を怖がらせるこのイベントが成功した。初年度の入場者は5.8万人だったが、2007年は20万人を上回った。クリスマスや春節など合計5種類の特別イベントを順次導入し、集客の大きな柱に育てた。貝氏は「豪華な遊具が無くても集客できる。来園するきっかけを作ることが重要」とコメントした[217]。

エデュテイメントをテーマに子供を主要顧客に

同園と香港ディズニーの集客数の差について、葉占雄副教授は市場分析の巧拙にあると述べた。同園は市場を緻密に分析し集客に反映させた。それに対して、**香港ディズニーは米国流の手法**を持ち込み、後手を踏み続けた。同園復活と対照的に、香港ディズニーの実績はさえなかった。ジーマン氏は付き添いの親や祖父母の入場も期待できるため、同園では子供を主要顧客に据えた。キャッチフレーズをエデュテイメント（エンターテイメントとエデュケーション：娯楽と教育の複合語）に定め、自然学習の一環として売り込んだ。園内の展示とは別に**希少な生物の繁殖・保護**に力を入れ、児童に環境教育を施すコースを設けた。教育熱心な香港住民にとって教育という付加価値は大きい。また香港ディズニーの大人295香港ドルに対し、香港海洋公園は280香港ドルと、手頃な価格にした。同園は中国本土客からも人気を博した。広東省鉄青国際旅行社出境遊（旅行会社）によると、香港を旅行する客の6割が同園を希望する。香港の旅行業関係者の間で、香港ディズニーは自社ブランドを過信して、旅行会社との関係構築を怠ったと指摘されている[218]。

570億円の大型投資で年間500万人超

2012年6月、同園の大型再開発計画が完了した。その仕上げとなる新アトラクション「冰極天地（ポーラーアドベンチャー）」が同年7月にオープンした。北極と南極を模擬的に体験しつつ地球温暖化の影響で生態系が危機にさらされている実態を伝えるアトラクションで、

---

[217] 2008/01/14 日経MJ（流通新聞）1頁「香港海洋公園、クラゲで集客しびれる刺激、集客数現地ディズニー抜く。」
[218] 2008/01/14 日経MJ（流通新聞）1頁「香港海洋公園——中国・香港市場開拓の極意、教育パパママ囲う、旅行代理店と連携。」

総面積約 1.4 万㎡、高峰楽園（ザ・サミット）というゾーンに位置する。ペンギンやセイウチ、アシカなど両極の海洋生物がみられ、氷上のそりをイメージした時速 35 キロメートルの乗り物を備える。地球環境への負荷を減らすため LED 電球の利用や余った冷気を効率よく循環させるシステムなども導入した。「全新発展計画」（MRP）というプロジェクトの投資総額は 55.5 億香港ドル（約 570 億円）で、2006 年 11 月から 8 段階に分け、約 6 年でアトラクション数は 35 から 70 に増えた。年間入場者数 500 万人以上である[219]。

アラン・ジーマン会長

アラン・ジーマン（Allan Zeman）氏は 1949 年に**西ドイツ**に生まれ、**カナダ・モントリ**オール（ケベック州、フランス語圏）で育つ。19 歳で女性用セーターをカナダに輸入するビジネスを起業する。1975 年、工場のあった香港に移り住み、衣料品の輸出商社、コルビー・インターナショナルを設立する。1983 年、香港島中心部の蘭桂坊（ランカイフォン）に米国風レストランバー「カリフォルニア」を開業する。周辺一帯を世界中から観光客が集まる人気スポットに発展させ、「蘭桂坊の父」と呼ばれる。2003 年から 2014 年まで香港海洋公園の会長職を**無報酬**で引き受け、中国の文化を意識したアトラクションづくりやコスプレなど派手なパフォーマンスで入園者数を増やし、経営の立て直しに成功する。2016 年に蘭桂坊集団の会長として、四川省成都市など中国各地で蘭桂坊をモデルにした飲食・娯楽施設を展開する。2017 年には米ドリームワークス・アニメーション SKG（スピルバーグ監督の映画会社）や中国の投資ファンド、華人文化産業投資基金と進める大型複合施設「上海夢中心」が開業した[220]。

ジーマン会長の事業方針と V 字回復の経緯

2016 年 6 月、ジーマン氏が日本経済新聞のインタビューに次のように答えた。

1975 年に 26 歳でカナダから香港への移住した理由は、「私は 7 歳で父親を亡くし、10 歳から新聞配達やレストランでアルバイトをした。16 歳でファッションビジネス業界に入り、19 歳で起業した。1 年目に 100 万カナダドル（約 8500 万円）を稼ぎ出したが、当時のカナダの法人税率は 50％もあった。工場があった香港に出張した時、香港の法人税率は 15％と知

[219] 2012/06/13 日経産業新聞 11 頁「香港海洋公園、総仕上げ、6 年で 570 億円投資、施設、来月オープン。」
[220] 2016/06/10 日本経済新聞電子版ニュース「ジーマン氏「常にファーストクラスを目指せ」－異邦人が変える(4)」

った。香港に移れば政府のために働かなくてすむと考えた。当時カナダでは香港がどこにあ
るか誰も知らなかった。私は初めて香港に来た時から、そのエネルギーと『なせばなる』の
精神に魅せられた。香港は企業家にとって夢のような場所だった。政府の干渉は無く、アイ
ディアを思いつけば翌日に実行できた。私はコルビー・インターナショナルという衣料品商
社を香港に設立し、世界35ヶ所にオフィスを設けて輸出を始めた。」

　1980年代にレストランバーを開業した蘭桂坊が香港随一の人気ナイトスポットになった
ことについて、「当時の香港には世界中からバイヤーやデザイナーが訪れていたが、街角に
レストランがなく、高級ホテルの中にしかなかった。ニューヨークのSOHOのようにレス
トランが集まる場所が欲しい。蘭桂坊はビジネス街の中環（セントラル）から近く、中国本
土から輸入した置き時計を扱う倉庫がたくさんあった。訪れるとすぐに風水を感じた。私は
物事を見るときに、現在の状態ではなく、将来の姿を描くことができる。多くの人にとって
古いビル街だったが、私には違って見えた。最初に開業したレストランが成功すると、蘭桂
坊がとても気に入り、小さなオフィスビルを買った。東京のようにテナントのレストランに
安い賃料を提示して、上の階に移ってもらった。香港初の試みで、とても儲かった。商業物
件の賃料はオフィスの3倍で、ビルの価値は大きく上がった。銀行は喜んで資金を貸してく
れるようになり、私は蘭桂坊でさらに不動産を買い進めた。いつしか蘭桂坊は『中環の外れ』
から『中環の中心』になっていた。」

　香港政府の初代トップ、董建華行政長官が香港海洋公園の会長にジーマン氏を抜擢した理
由について、「董氏は時折、夫婦で蘭桂坊のレストランを訪れていて顔見知りだった。同園
は政府が運営する公園で、赤字を垂れ流していた。香港ディズニー開業が迫り、政府はどう
していいか分からなかった。董氏は私に電話して『香港海洋公園を見に行って会長になりま
せんか』と言った。『クレイジーだ。私はテーマパークのことは何も知らない』と断り続け
たが、董氏は6回も電話してきた。私は董氏の面子を立てる必要があると思った。同園を初
めて訪れると、建物のペンキははがれ、同園は壊れかけていた。当時のCEOは同園が山腹
にあって運営が難しいから赤字になっていると考え、閉園して平地に移るべきだと主張した。
だが私はいつもネガティブな部分をポジティブにとらえる。ここでは母なる自然が美しい山、
美しい海を無料で与えてくれている。立地も香港の中心だ。私は同園に可能性を感じた。香
港の歴史の一部であり、閉園すべきではないと考えた。私は董氏に電話して『私が引き受け
なければ、誰に会長のポストを渡すつもりか』と聞いた。彼は『分からないが、多分政府の
元役人になるだろう』と答えた。役人に任せれば、香港ディズニーができたらつぶれるだろ

う。『じゃあ私が引き受けるが、あなたも全力で支えてくれないといけませんよ』というと、董氏は『問題ない』と答えた。」

　同園再建の進め方について、「まずテーマパークを運営した経験のある CEO を探した。当時の CEO はホテル経営からきた典型的な政府任命の人物だった。テーマパークはとても専門的なビジネスだ。私は27年間の経験を持つトム・マーマン氏（後述）を CEO に迎えた。スタッフの制服も一新した。私は世界中のテーマパークを見学した。香港ディズニー開業前に同園を一流にしなければならない。私は旅するときはファーストクラスしか使わない。ファーストクラスを狙えば結果的にビジネスクラスくらいは得られるかもしれないが、最初からエコノミークラスしか狙わなければ必ず失敗する。何をするにも目標は高く、一番を目指す。同園の改装計画をつくるデザイナーたちに『予算のことは忘れろ。特別なものをデザインしてくれ』と言った。同園と香港ディズニーの差別化を考えた。香港海洋公園はローカル、ディズニーは輸入品だ。ディズニーはファンタジーの世界だが、同園には本物の動物がいる。ディズニーのアトラクションを訪れれば初日は楽しいかもしれないが、次の日に来ても機械だから同じだ。動物は毎日違う。『ディズニーには偽物のネズミ（ミッキーマウス）がいるが、香港海洋公園には本物のネズミがいる』と冗談でよく言う。私たちは教育とエンターテイメントを組み合わせた『エデュテインメント』というコンセプトを思いついた。」「改装プランを全部合わせると、投資総額55.5億香港ドル（約760億円）になった。資金調達のため、私は行政長官や閣僚に同園を1人ずつ訪れるようお願いし、ケーブルカーに乗ってもらい、特別室で改装後の同園がどうなるか示すビデオを見せた。みんな興奮していた。私はうまく集客できれば、ローンは12年間で返済できると説明した。それで改装が決まった。香港ディズニーが開園した時、同園の競争相手ではないと分かった。」

　ハロウィンなど季節イベントで会長がコスプレして話題になったことについて、「クラゲ館の開業に合わせた最初の記者会見で4人の少女がクラゲの衣装を着て踊ることになっていた。『私がクラゲのコスプレを着たらどうか』とスタッフに言ったら、頭がおかしくなったのかという表情で私を見返した。2週間後、私はクラゲの衣装のコスプレをして鏡を見てみたら、人前に出られないと思った。だが私が表に出て行くと、記者は大喜びし、カメラマンは写真を撮る。翌日の朝刊で全紙の1面に私の写真が載った。新聞は特別なストーリー、特別な写真を求めていることに気づいた。同園には宣伝費がなかったので、私たちは毎回コスプレして毎回新聞の1面に載った。同園にとって大きな名物になった。」

　2008年に中国に帰化したことについて、「私は人生の大部分を香港で過ごし、カナダのことはあまり知らない。私の見た目はカナダ人だが、中身は中国人だと感じる。だから中国人

になろうと思った。私は中国が変わるのを見てきて、中国こそが未来と考えた。私は中国人であることを誇りに思う。後悔していない。私は35年間中国を見てきた。最初に中国を訪れた時にはみな人民服を着ていたが、鄧小平が登場して変わり始めた。中国人は今でも自分たちの文化や食事や休日の過ごし方を愛しているが、昔よりずっと国際化されている。インターネットで育った若い世代は日本や米国の若者と変わらない。いくつかの面で中国は世界をリードしている。多くの国がまだ中国を古い共産主義国家と考えているが、間違っている。中国は進んでいる。」中国に進出したい外資系企業へのアドバイスとして、「第1に中国の文化を理解すること、第2に自分のビジネスのやり方を押しつけないこと。ディズニーは自分のやり方を持ち込もうとしたが、香港でうまくいかなかった。東京ディズニーが成功しているのも、日本人が運営しているからだ。たとえ良い商品でも押しつけるのではなく、人々が何を求めているのかを理解し、製品を改善することが大事だ」とコメントした[221]。

トム・マーマン（Tom Mehrmann）氏

　同氏は1977年に米カリフォルニア州の老舗テーマパーク「ナッツベリーファーム」に就職し21年間勤めた。1988年に米カリフォルニア州のテーマパーク「シックスフラッグス・マリンワールド」の副社長兼総務部長になった。2001年頃、スペイン・マドリードのテーマパーク「ワーナー・ブラザース・ムービーワールド」に勤務していた[222]。

　2017年10月、同氏はユニバーサル・スタジオ北京（US北京）の社長兼ゼネラルマネジャーに就任した。ユニバーサル・パークス＆リゾーツの国際部門の社長兼COOのペイジ・トンプソン氏は「マーマン氏はテーマパーク業界で長く、非常に豊富な知識と経験、洞察力があるのでUS北京プロジェクトのゼネラル・マネジャーに適している。マーマン氏の香港海洋公園での功績は、非ディズニー、非ユニバーサル、かつ海洋哺乳類のテーマパークで入場者数世界トップクラスにしたことである。マーマン氏は米テーマパークチェーンのシーワールドのCEOジョエル・マンビー氏に求められてシーワールドに移ると思っていた。しかしユニバーサルは巨大資本に吸収され（ユニバーサルはコムキャストという巨大企業に買収された）、クリエイティブな会社として成功している」と述べた[223]。

[221] 2016/06/10 日本経済新聞電子版ニュース「ジーマン氏「常にファーストクラスを目指せ」－異邦人が変える(4)」
[222] 2001/01/01 TRAVEL WEEKLY ASIA「Ocean Park gets new CEO」2022年9月11日アクセス https://www.travelweekly-asia.com/Travel-News/Ocean-Park-gets-new-CEO
[223] 2017/10/05 THEME PARK INSIDER「Universal taps Tom Mehrmann to run its Beijing theme park」2022年9月13日アクセス https://www.themeparkinsider.com/flume/201710/5756/

3.大規模な民主化デモと新型コロナウィルス流行で休園

　2019年、香港で大規模な民主化デモが起こり、香港海洋公園は休園を余儀なくされた。営業しているとしても、外国人観光客が激減した。次に2020年1月から新型コロナ流行で閉園した。開業以来の経営難に陥った。

香港政府が1500億円の追加投資

　2020年2月、同園が設備の全面的な刷新に踏み切ると発表した。香港政府が106億香港ドル（約1500億円）を投じて新たに20以上のアトラクションを建設する。大規模デモとコロナ禍での臨時休園も打撃となった。同園は2014年6月期に入場者数760万人に上り、香港ディズニーを上回った。しかし施設の老朽化や長隆海洋王国（広東省珠海市）などとの競争が激化し、2019年6月期の入場者数は570万人に落ち込んだ。2019年6月に始まった大規模デモで、7～12月の入場者数は前年同期比3割以上減少した。2020年6月期の入場者数は約330万人と前期比40%減を見込む。5期続けて営業赤字となり、政府貸付金の返済延期などと合わせて大規模改修に踏み切る。古いローラーコースターやメリーゴーランドなどを閉鎖して同園を7エリアに再編する。新施設を2023～2027年にかけて順次開業する。**動物愛護**の観点で議論があるイルカショーを中止し、**自然保護**に関する展示を増やす。改修期間中も営業する。政府は追加投資で2028年6月期の入場者数が750万人に増えるとみている。最も伸びが見込めるのは中国の中間層である。豊かになって日本や東南アジアに行く中国人観光客が増えている。例年、春節はかき入れ時だが、コロナ禍で1月26日から臨時休園を開始した。香港政府は中国本土からの個人旅行客の新規受け入れを停止した[224]。

新型コロナ流行で休園するも営業再開

　2020年5月、香港政府が106億香港ドルを投じて新たに20以上のアトラクションを建設する経営刷新プランを発表した直後、新型コロナで同園は臨時休園に追い込まれた。香港政府の商務・経済発展局の邱騰華局長は「このままでは6月に倒産の恐れがある」と、緊急支援策を発表した。アトラクションの刷新など大型投資を含む従来の支援策を白紙に戻し、スケールダウンした運営を維持する。公費の投入額を54億香港ドルに半減させ、債務返済などに充てる。ただし巨額の公費を投じる政府案に批判も根強い[225]。

---

[224] 2020/02/05 日経産業新聞 14頁「香港海洋公園、1500億円で刷新、デモ・新型肺炎で苦境に拍車、新アトラクション20以上。」

[225] 2020/05/29 日経MJ（流通新聞）8頁「休園4カ月、香港ディズニー苦境、海洋公園は破綻懸念

3.まとめ

　本編では、香港海洋公園がV字回復した経緯を考察した。香港海洋公園のV字回復の要因は次の点にある。①香港で飲食店を成功させたジーマン氏が抜擢され、クラゲをテーマに話題作りし、メディアに訴えた。同氏は**無報酬**で会長を引き受けた。有能な人材を無料で雇えた。②ホテル業界で成功した貝氏が転職して、ハロウィン、クリスマス、春節など季節イベント5種類を成功させた。③欧米のテーマパーク業界で長いキャリアを持つマーマン氏を抜擢した。④子供向けに海洋生物学習などエデュテイメントを打ち出し、親や祖父母の理解を得た。子供の来場に親や祖父母が同伴するので、子供を主要顧客に据えた。⑤旅行代理店に営業し、ツアーに組んでもらった。香港ディズニーは自社ブランドを過信して旅行代理店との関係性構築を重視しなかった。⑥香港ディズニーより安価に設定した。このようにして同園は低予算で地域活性化に成功した。まさに香港版旭山動物園[226]である。

　2008年に同園は稀少な生物の繁殖・保護を開始した。2020年の大規模改修で動物愛護、自然保護に力を入れ始めた。同園に**環境保全**の意志があったことが明らかになった。

　同園は香港中心部から分かりにくいバスで苦労して行く不便な立地にある。筆者は2014年1月に同園に行った。筆者は広東語ができないので、分かりにくいバスの表示を読みながらなんとか同園にたどり着いた。香港ディズニーに比べて過酷なアクセス方法である。この立地でこれほど集客できるのは驚異的な成功である。ただし2016年にMTR（地下鉄）が香港中心部から同園に開通した。

　香港海洋公園は非ディズニー、非ユニバーサル、かつ海洋哺乳類のテーマパークで入場者数世界トップクラスにのしあがった。ジーマン氏は飲食業界の有名経営者だったが、その功績からテーマパーク業界、エンターテイメント業界でも有名経営者になった。マーマン氏はUS北京のゼネラル・マネジャーに就任した。両氏ともテーマパーク業界でより大きなプロジェクトを任されるようになった。「チャンスはボロを着てやって来る」という諺があるらしい。チャンスはみすぼらしい。チャンスはチャンスに見えない。本件はまさにその好例となった。筆者はディズニーとユニバーサル・スタジオに就職・転職したい人の相談を受ける。両社は非常に人気があるため正社員としての就職は難しい。このように閉鎖寸前のテーマパークをV字回復させ、業界の名士になって大手テーマパークの役職に就いた人もいる。予想もしない別の形でチャンスをつかむ人もいる。

も。」

[226] 旭山動物園：入場者数減少で経営難に陥った。動物本来の自然な行動を客に見せて飼育員が解説する「行動展示」が人気。全員がアイディアを出し、低予算で改革し、入場者を増加させた。

第6章 中国のテーマパーク最大手、華僑城集団

1.はじめに

　中国最大手のテーマパーク運営企業といえば華僑城集団である。同社は 2011 年に世界ランキング 8 位で年間入場者数 2173 万人であったが、2019 年には世界ランキング 3 位で 5397 万人に急上昇した。2011 年に世界ランキングには入らなかったが、アジアランキング 9 位に華僑城（深圳 389 万人）、12 位に歓楽谷（北京 344 万人）等はランクインしていた。2019 年のアジアランキングで 11 位に歓楽谷（北京 516 万人）、12 位に長隆歓楽世界（広州 490 万人）等がランクインした（序章）。

　本章では、華僑城のテーマパーク事業展開を考察する。

2.華僑城集団の概要
華僑城集団

　華僑城亜州[227]（Overseas Chinese Town (Asia): OCT、以降、華僑城亜州）は香港証券取引所の主要市場に 2005 年 11 月に上場された。その前任者は華利集団である。華僑城亜州は包装業で 30 年の実績がある。2007 年から華僑城亜州は戦略的再構築を実施し、突出した総合ディベロッパー兼運営業者になった。華僑城集団の中で唯一海外市場に上場されている企業である。2007 年から華僑城亜州は OCT 成都、OCT 西安、上海蘇河湾、北京ユニーク庭園（Unique Garden）、重慶不動産など親会社の資本注入を受けたプロジェクトを受諾してきた。華僑城亜州の下の華利集団は波打つ段ボールの内側、紙の箱など総合的な紙製品製造を行なってきた。深圳華利、中山華利（広東省）、安徽華利（安徽省）、恵州華利（広東省）、蘇州華利（江蘇省）が創業され、成功した後、華僑城亜州の最初の子会社、深圳華利が 1985 年に創業された。徐々に国の戦略が珠江デルタと長江デルタを含む重要なエリアをカバーする顧客ネットワークと共に具体化してきた。過去 30 年間、華利集団は売上高と利益で安定成長を遂げた。華利集団は高評価と市場で強固たるポジションを得た。将来的に事業強化のための親会社の支援により、華僑城亜州は総合開発区で親会社のブランドと経営資源と経験により中国で一線都市、二線都市で事業を拡大する。紙製品製造業の最大化と積極的に新しい収益モデル構築、市場での影響力増大を模索する。

---

[227] OVERSEAS CHINESE TOWN (ASIA) HOLDINGS LIMITED, About Us, 2022 年 3 月 23 日 アクセス http://www.oct-asia.com/octasia_en/684680/684672/index.html

表1：連結損益計算書の概要（2020年12月31日まで）

	2020年 人民元'000	2019年 人民元'000
収益	1,306,550	2,071,903
株主に帰属する当期純利益	63,757	266,961
一株あたり利益（人民元）	(0.29)	0.04

出典：OVERSEAS CHINESE TOWN (ASIA) HOLDINGS LIMITED, Annual Report 2020, 2022年3月23日アクセス http://media-oct.todayir.com/20210420185602177739725415_en.pdf

表2：連結貸借対照表の概要（2020年12月31日まで）

	2020 人民元'000	2019 人民元'000
現金預金	4,272,938	2,681,489
総資産	25,421,957	26,455,402
流動負債控除後の総資産	20,787,543	19,236,335
親会社に帰属する資本金及び剰余金	9,430,396	9,346,075

出典：OVERSEAS CHINESE TOWN (ASIA) HOLDINGS LIMITED, Annual Report 2020, 2022年3月23日アクセス http://media-oct.todayir.com/20210420185602177739725415_en.pdf

最大株主：華僑城集団

　華僑城亜州の最大株主が華僑城集団である。1985年創業で、華僑城集団は国有資産監督と国務院国有資産監督管理委員会に直接経営されている。エンターテイメント、観光、芸術、環境保護、教育、医療を伴う都市開発で、17の一線都市・二線都市の中心部の開発と運営をしている。そして中国で「今日的サービス産業の総合開発の最高ブランド」を受賞した[228]。

支配株主：華僑城（香港）有限公司

　華僑城（香港）は深圳華僑城有限公司の完全子会社で、1997年10月に中国商務部（日本の経済産業省に相当）に設立された。同社は華僑城雲南、インターコンチネンタルホテル深圳など議決権（発行株式の過半数）や参加権を持つ華僑城（亜州）有限公司の株を保有する。華僑城（香港）は複合商業施設と包装紙製造業を組み合わせて総合的な発展を目指す[229]。

---

[228] OVERSEAS CHINESE TOWN (ASIA) HOLDINGS LIMITED, Controlling Shareholder, 2022年3月24日アクセス http://www.oct-asia.com/octasia_en/684680/684683/index.html
[229] OVERSEAS CHINESE TOWN (ASIA) HOLDINGS LIMITED, Controlling Shareholder, 2022年3月24日アクセス http://www.oct-asia.com/octasia_en/684680/684683/index.html

深圳華僑城

　2010 年 3 月時点で華僑城集団公司は康佳集団、華僑城持株公司の上場企業 2 社を持つ。「錦繍中華」（ミニチュアのテーマパーク：深圳）、「世界之窓」（世界遺産のミニチュアのテーマパーク：深圳）、「歓楽谷」などが華僑城内に出展している。華僑城エリアの観光プロジェクトはすでに 20 以上あり、文化観光景観区を中心にその他の観光施設が整備された観光レジャー地区を形成する。華僑城集団が錦繍中華、中国民俗文化村、世界の窓に続いて建てた国内最新の大型テーマパークで、敷地面積 32 万平方メートルである。観光スポットのうち 100 ヶ所近くが中国の地域分布に基づき配置されている。主なものは万里の長城、兵馬俑、石拱橋、天文台、木塔（趙州橋、古観星台、応県木塔）、紫禁城（故宮）、海奇山峰（黄山）、黄果樹瀑布、黄帝陵、成吉思汗陵、明十三陵、中山陵、孔廟、天壇、泰山、長江三峡、漓江山水、杭州西湖、蘇州園など江南の風景である。皇帝、匯豊銀行、孔廟祭典の場面、民間の冠婚葬祭の様子なども展示されている[230]。

3.華僑城の都市開発とテーマパーク事業
華僑城が長江・三峡ダム地区の観光開発に進出

　2003 年 1 月、華僑城集団公司（以降、華僑城）は長江・三峡ダム地区の観光に進出すると発表した。長江三峡総公司、宜昌市政府と取り決めに調印した。三者は資本金 **1.5 億元**で共同出資の観光会社を設立し、ダム地区の観光資源を開発する。三峡ダム建設が順調に進むにつれ、内外から観光に訪れる人が急速に増えていた。華僑城の張整魁党委員会書記は「共同出資で設立する観光企業が具体的な業務を行う。国内外からより多くの観光客を呼ぶため、ダム地区の観光資源を開発する。自然景観、人文景観、ダム景観を一体化し、中華の治水文化、長江流域の民族、現代科学技術の成果を示す世界一流の観光地にする。宜昌市も世界的な水力発電観光都市を目指す[231]。

華僑城が 1120 億円目標に香港上場計画

　2004 年 8 月、経済観察報によると、深圳華僑城は香港株式市場への上場を計画していた。調達資金の目標額は 80 億香港ドル（約 1120 億円）である。深圳華僑城は傘下の香港華僑城集団や華僑城地産、深圳湾ホテル、深圳華僑城海景ホテル、クラウンプラザホテルも上場す

---

[230] 2010/03/23 人民網「「社会・生活」深セン華僑城」
[231] 2003/01/16 新華社ニュース（中国通信社）「三峡ダム地区の観光に進出　華僑城集団が共同出資会社」

る計画で、今後は不動産プロジェクトを主体に取り組む。グループ企業の株式上場について
は、同社行政総裁の任克雷氏が同年2月、中国政府の担当部門に提案しており、中国政府も
上場による外資の調達計画に同意している[232]。

国家生態観光モデルエリア「東部華僑城」を525億円で開業

2007年7月、華僑城が建設した国家生態観光モデルエリア「東部華僑城」が開業した。
「東部華僑城」は深圳市大梅沙に位置し、香港から30キロメートルの距離にある。投資総額
35億元（約525億円）、敷地面積約9平方キロメートル、「自然への回帰」をコンセプトに
リゾートやアウトドアを特色とする。「茶、禅、花、竹」をイメージした茶渓谷、オリンピ
ックトレーニング施設やゴルフ場を備えた雲海谷、インターラーケンホテルなどを擁する。
2008年に大侠谷やハイフィールドワイン村などがオープンする[233]。

上海市の開発用地を倍の価格、1123億円で購入

2010年2月、香港華僑城集団は上海市で開催された土地の競売に参加し、闇北区の開発用
地を70.2億元（約1123億円）で落札した。これは最低売却価格の47億元を50%近く上回
る水準である。落札した用地の敷地面積は4.2万平方メートルで、オフィス、住宅、商業施
設などを建設する計画、と複数メディアが伝えた[234]。この頃は地価バブルだったと分かる。
バブル期では、地価が高騰するので最低売却価格を上回る値段で落札されることがある。

華僑城の純利益が73%増

深圳華僑城股份有限公司の2010年第3四半期（7-9月）の営業収入は前年同期比17.25%
減の18億1700万元で、純利益は同36.43%増の3億300万元になった。1-3四半期の合計
営業収入は同45.02%増の81.9億元で、純利益は同73.53%増の16億5400万元、1株あた
り利益（EPS）は0.532元である。第3四半期末現在の同社の貨幣資金は年初の30億元か
ら65.3%増の49.6億元に、棚卸資産は年初の91億元に対して151億7400万元だった。ま
た前受金は年初の47億6600万元から約40%増の67億200万元だった[235]。

---

[232] 2004/08/21 Fuji Sankei Business i.8頁「【中国経済】華僑城集団が香港上場計画」
[233] 2007/07/30 新華社ニュース（メディア新日中）「【建設・不動産】華僑城集団：新型レジャー施設
「東部華僑城」が開業へ」
[234] 2010/02/12 T&C中国株ニュース「華僑城アジアの親会社、上海の開発用地を70億元で落札」
[235] 2010/10/29 新華社ニュース（メディア新日中）「【サービス・広告】華僑城：1-3Qの純利益が73%
増」

上海ディズニー開業で市場拡大チャンスありとの見解

　2011年4月、華僑城は上海市で「上海歓楽谷（ハッピーバレー）」を運営するため上海ディズニーランド（以降、上海ディズニー）開業で、同社は共に市場を拡大できるとの見解を示した。チャンスと挑戦が共存しており、上海ディズニー開業で更に大きな市場が生まれなければ、既存の市場を分け合うことになる。華僑城は深圳市、北京市、上海市、四川省成都市で歓楽谷を運営する。第二期戦略配置に伴い、同社は全国市場をカバーしたい。上海歓楽谷は2009年9月の正式開業以来、累計入場者数が述べ330万人に達した。2010年の入場者数は延べ220万人だった。上海ディズニーの年間入場者数は述べ730万人に達する見込みであった[236]。

ディズニーに対抗してUSJと提携

　2011年9月、深圳華僑城はユニバーサル・スタジオ・ジャパン（USJ）と提携協議に入ったと発表した。年約800万人を集客するUSJのノウハウを上海市のテーマパークなどに生かしたい。上海周辺は上海ディズニーなど大型テーマパークの開業が相次ぐ見通しで、USJの協力を得て施設の魅力を高めたいという目的で、華僑城の子会社、上海華僑城とUSJで合弁会社を設立することを検討していた。合弁の目的は上海華僑城のプロジェクト運営管理能力を高めることである。USJのイベントや物販などのノウハウを学びたいとみられる。USJの出資比率は49%以内とし、2012年2月初めまでに合弁の詳細を決めることを目指す。テーマパークで「ユニバーサル・スタジオ」ブランドを使うかについて、USJは日本経済新聞に対し「権利を持つ米ユニバーサル・スタジオに申請する考えはない」と否定した。なお深圳華僑城の**2010年の売上高は前年比53%増**の173億元（約**2000億円**）であった。この頃、中国政府はテーマパークが供給過剰に陥ることへの懸念を強めていた[237]。

純利益が前年比約4.5%増の31.8億元

　2012年3月、深圳華僑城は2011年の株主帰属純利益が前年比約4.5%増の31.8億元に達したと発表した。同年の売上高は173.2億元、利益総額は43.2億元で、ともに前年と横ばいとなった。連結ベースの資産総額は前年比29.3%増の約627.6億元で、観光客数2430万人

---

[236] 2011/04/13 新華社ニュース（メディア新日中）「【サービス・広告】華僑城集団：上海ディズニーランドの開業、チャンスと挑戦が共存」
[237] 2011/09/09 日経産業新聞 12頁「中国テーマパーク大手、USJと提携、イベント・物販能力高める。」

に達した。業務別では、**観光総合収入が前年比32.96%減**の約63億3300万元、不動産収入が同比45.51%増の約102億3200万元、紙包装収入が同比6.95%増の8.1億元になった[238]。

上半期の純利益4%減の約160億円

　深圳華僑城股份有限公司の2012年上半期（1-6月）の業績速報では、上半期の事業収入は前年同期比13.82%増の66.8億元、純利益は前年同期比4.24%減の10億4500万元となった。各事業で収入は増加した。少数株主利益が前年同期に比べて増加し、深圳地域の所得税比率の上昇などで純利は減少した[239]。

傘下子会社2社に総額2.7億元増資

　2012年10月、華僑城集団有限公司が傘下の武漢華僑城有限公司と上海華僑城有限公司に対し増資すると発表した。増資額は武漢華僑城が2億800万元、上海華僑城が6600万元となった。増資後、華僑城集団の持株比率は、武漢華僑城が9.24%、上海華僑城が9.87%となる。2011年末時点で、武漢華僑城の登録資本金10億元、資産総額61億2300万元、負債総額51億8300万元である。2011年の業績は4268万1100元の赤字だった。上海華僑城の登録資本金は4億元、資産総額は19.6億元、負債総額15億5300万元、2011年の営業収入は3億2900万元、純利益は3060万5500元だった[240]。

純利益20%増加で222億元

　深圳華僑城股份の年次報告書によると、2012年の純利益は前年比21.17%増の38.5億元、事業収入は同28.63%増の222億8400万元だった。主な事業（観光業、不動産、包装業）のうち、2012年の観光業の収入は前年比65.16%増の104.6億元、入場者数2619万人と過去最高を更新した。うち「深圳世界之窓」の利益、「深圳歓楽谷」と「北京歓楽谷」の収入が過去最高を記録した。年次報告書によると、2012年、主要事業の不動産事業の収入は前年比10.01%増の112億5600万元で売上総利益率は前年比で3.16%下降した[241]。

---

[238] 2012/03/22 新華社ニュース（メディア新日中）「【産業総合】華僑城：2100年、純利益が前年比約4.5%増の31.8億元に」
[239] 2012/07/30 新華社ニュース（メディア新日中）「【サービス・広告】華僑城：上半期の純利は4.24%減の10億4500万元」
[240] 2012/10/24 新華社ニュース（メディア新日中）「【産業総合】華僑城集団：傘下の子会社2社に総額2億7400万元の増資を実施」
[241] 2013/03/13 新華社ニュース（メディア新日中）「【建設・不動産】テーマパークの華僑城股フェン：2012年の純利益は20%超の増加」

土地4ヶ所を66億元で買収

2013年5月、華僑城は土地を獲得し、土地備蓄を充実させるため、完全子会社の深圳華僑城房地産有限公司が、親会社の華僑城が所有する深圳市南山区華僑城区内の一部の土地開発権を購入したと発表した。その土地は華僑城中心花園、華僑城ビル、西北片区、天鵝湖2号の4ヶ所で、うち住宅建築計画面積は約52.9万平方メートル、商業及び商業関連建築計画面積は約17.1万平方メートルである。譲渡する土地の帳簿上の総価値は約4.2億元、帳簿上の純価値は約4.2億元、評価額は約66.3億元、増値率は1467%である[242]。

新ブランドのテーマパーク計画

2013年7月、深圳華僑城が巨額投資で独立運営の新チェーンブランド「瑪雅海灘水公園」を建設した。上海歓楽谷によると、上海市で開業したばかりの瑪雅海灘水公園の総投資額は約40億元（約781億円）で、深圳市、武漢市でも開業する。同社は全国の歓楽谷で瑪雅海灘水公園の建設を計画しており、将来的にはこれを独立したプールレジャー施設のチェーンブランドとして運営する。同社傘下の全国チェーンテーマパーク「歓楽谷」は北京市、上海市、深圳市、武漢市などの地区に5園展開している。2012年、同社の年間旅行総合事業収入は前年比65%増の104.6億元（約2030億円）、売上総利益率は同比3.08ポイント上昇し45.38%、年間来場者数は延べ**2619万人**で過去最高を記録した[243]。

営業収入は前年同期比66%増、1600億円のレジャー事業投資

華僑城の2013年1-9月の事業収入は前年同期比66.73%増の172億3600万元、純利益は同比80.11%増の29億400万元に達した。うち7-9月の事業収入は同比80.93%増の66億1800万元、純利益は同比91.23%増の10億8600万元だった。営業収入が前年同期を大きく上回った主要因は、不動産と観光業が好調だったためと見られる。同年9月、同社は寧波市で寧波華僑城快楽海岸事業と四明山谷事業に着工した。この2事業の投資総額は100億元（約1600億円）以上となる見込みで、同社にとってこれまでで投資額が最大の文化レジャー事業となる[244]。

---

[242] 2013/05/17 新華社ニュース（メディア新日中）「【建設・不動産】観光の華僑城：土地4カ所を66億2600万元で買収」

[243] 2013/07/10 新華社ニュース（メディア新日中）「【サービス・広告】観光業の華僑城：巨額投資で新規レジャー施設ブランドを設立へ」

[244] 2013/10/24 新華社ニュース（メディア新日中）「【建設・不動産】華僑城：1－9月の営業収入は前年同期比66.73%増」

純利益、前年比 14.51%増の約 4500 億円

　深圳華僑城の 2013 年の営業収入は前年比 26.35%増の 281 億 5638.2 万元（約 4500 億円）だった。株主帰属純利益は同期比 14.51%増の 44 億 828 万 7900 元だった。2013 年に文化観光事業の市場開拓に努めた結果、同社取扱の旅行客総数は前年比 12%増で過去最高の延べ 2923 万人に達した。新事業が急成長し、文化・旅行・科学技術の企業や芸能・メディア企業等の合併による収入が前年比 80%増加し、利潤は前年から倍増した[245]。

約 1.6 兆円を雲南の観光基盤施設整備に投入

　2016 年 6 月、華僑城は PPP（官民連携：Public Private Partnership）という形で国家開発銀行、中国建築工程総公司、中国鉄路工程総公司、中国鉄建股份有限公司、中国冶金科工集団有限公司などの中央企業と 1000 億元（約 1.6 兆円）を投じて、雲南の文化・観光基盤施設の整備、公共サービスを進めると発表した。雲南省の観光サービス能力の向上を目指し、資金は主に雲南の観光地の道路、空港、大型観光客センター、観光都市、観光付帯サービス施設などに投入される[246]。

珠海九洲と提携し総合観光地開発

　2017 年 12 月、華僑城集団は珠海九洲控股集団と戦略的提携枠組協定を締結した。両社は広東省珠海市とその他の地域で、文化観光、特徴的な街などの分野で提携を深め、強みのある資源の共有と相補を実現する。両社は、戦略的パートナーシップを構築し、同市などで文化観光と不動産資源の統合を模索する[247]。

グループ傘下 150 社が新型コロナ対策して営業再開

　2020 年 6 月、華僑城は新型コロナ対策を万全にし、傘下の全国 150 社余りのグループ企業が通常営業を再開した。深圳市の華僑城は中国初の文化産業モデルパークとなった[248]。

[245] 2014/03/17 新華社ニュース（メディア新日中）「【建設・不動産】華僑城：13 年の純利益、前年比 14.51%増」
[246] 2016/06/16 新華社ニュース（日本新華夏）「華僑城、1000 億元を雲南の観光基盤施設整備に投入－新華社」
[247] 2017/12/21 新華社ニュース（メディア新日中）「【建設・不動産】華僑城集団：珠海九洲控股と提携し、総合観光地を開発へ」
[248] 2020/06/10 新華社ニュース「中国の文化観光大手、華僑城集団傘下の全 150 社が営業再開」

新型コロナウィルス流行で業績低迷

深圳華僑城の 2021 年 6 月中間決算は売上高 230 億 1400 万元（前年同期比 34.4%増）、純利益 15 億 8400 万元（同 25.9%減）となった[249]。深圳華僑城の 2021 年 12 月本決算は、売上高 1025 億 8400 万元（前年比 25.3%増）、純利益 37 億 9900 万元（同 70.1%減）となった。2021 年 10-12 月期決算は売上高 531 億 3900 万元（前年同期比 9.6%増）、純利益 3 億 8000 万元（同 **94.9%減**）となった[250]。

深圳華僑城の 2022 年 1-3 月期決算は売上高 74 億 7300 万元（前年同期比 12.6%減）、純利益 1 億 7600 万元（同 **80.4%減**）となった[251]。2022 年 10 月、深圳華僑城の 2022 年 1-9 月期決算は売上高 292 億 8100 万元（前年同期比 40.8%減）、純利益 1 億 2600 万元（同 **96.3%減**）となった[252]。

2019 年 12 月に武漢で発生した新型コロナウィルス流行でテーマパーク業界は大打撃を受けた。特に同社の 2022 年 1-9 月期の純利益は前年同期比 96.3%減少を記録した。

4.発見事項と考察

本章では、華僑城のテーマパーク事業展開を考察し、次の点を明らかにした。

第 1 に、華僑城は観光業や不動産開発業者ではなく、**包装業**者として始まった。中国のテーマパーク業者は不動産開発、都市開発の業者で、大規模開発の一施設としてテーマパークを設置するケースが多い。世界的にテーマパーク事業者は、①ディズニーなどのコンテンツ事業者、②鉄道や不動産などディベロッパー企業が多い。同社は紙で段ボール箱等を製造する包装業者が観光開発、都市開発業者に多角化し、テーマパークを併設するようになった世界初のケースと思われる。

第 2 に、華僑城は 2003 年に資本金 1.5 億元で長江・三峡ダム地区の観光に進出した。同地区は自然景観、人文景観、ダム景観を一体化し、世界的な**水力発電観光都市**を目指す。華僑城は中国最大手のテーマパーク事業者であるが、観光開発全般を行なっている。日本では富山県の**黒部ダム**周辺が観光地として成功している。アメリカとカナダの国境付近にある**ナイアガラの滝**は世界的な観光地で、周辺にホテル、飲食店街、お土産店などが発展し、街として成立している。大規模な水資源は観光資源となる。

---

[249] 2021/08/26 DZH 中国株ニュース「深セン華僑城、21 年 6 月中間決算は 26%減益（速報）」
[250] 2022/03/31 DZH 中国株ニュース「深セン華僑城、21 年 12 月本決算は 70%減益（速報）」
[251] 2022/04/27 DZH 中国株ニュース「深セン華僑城、22 年 1-3 月期決算は 80%減益（速報）」
[252] 2022/10/27 DZH 中国株ニュース「深セン華僑城、22 年 1-9 月期決算は 96%減益（速報）」

第3に、2007年に華僑城が建設した**国家生態観光**モデルエリア「東部華僑城」は投資総額約525億円で「自然への回帰」をコンセプトにリゾートやアウトドアを特色とする。この頃、中国政府に生態系を維持しながら観光開発する意識があったと思われる。

第4に、華僑城は2011年に上海ディズニー開業は共に市場を拡大できるチャンスと挑戦が共存していると捉えていた。上海ディズニー開業でさらに大きな市場が生まれなければ、既存の市場を分け合うことになる。人口が多いとはいえ、供給過剰である。

第5に、深圳華僑城は2011年にUSJと提携し、USJのノウハウを同社で生かしたい。上海でテーマパークを運営する華僑城子会社の上海華僑城とUSJで合弁会社を設立することを検討した。合弁の設立目的は華僑城のプロジェクトの運営管理能力を高めることである。この頃、USJの華々しい活躍は日本のみならず、中国でも知られていたと思われる。上海ディズニーに対抗し、USJのノウハウを得ようとしたと思われる。

第6に、深圳華僑城が巨額投資で独立運営の新チェーンブランド「瑪雅海灘水公園」を40億元で建設した。将来的にはこれを独立したプールレジャー施設のチェーンブランドとして運営したい。華僑城の全国チェーンテーマパーク「歓楽谷」は北京、上海、深圳、武漢などに5園展開し、2012年の年間旅行総合事業収入は前年比65%増の約104億元、年間入場者数延べ2619万人で過去最高を記録した。華僑城の2013年1-9月の事業収入は、前年同期比66.73%増の172億3600万元、純利益は同比**80.11%増**の29億400万元に達した。うち7-9月の事業収入は同比**80.93%増**の66億1800万元、純利益は同比**91.23%増**の10億8600万元だった。日本では考えられない成長率である。これが継続すれば実力、一時的ならバブル景気と考えられる。内陸部の成長が鍵となるだろう。

5.まとめ

中国のテーマパーク大手は一社で同じブランドのテーマパークをチェーン展開する。日本では一社が1つのテーマパークを運営するケースが多い。そのため範囲の経済性が働きにくい。中国のテーマパーク事業者は同じブランドのテーマパークを多店舗展開するのでノウハウを活かしやすい。

華僑城には万達の王董事長のような強力な経営者は登場しないようである。今後も華僑城の動向を調査する。

第7章 偽ディズニーランドと報じられた石景山遊楽園
～著作権意識の低さと海賊版テーマパーク～

1.はじめに

　2007年4月、中国の「パクりテーマパーク」「パクりディズニーランド」として石景山遊楽園（以降、石景山）が報道され、大きな話題になった。石景山は非上場らしく、公式サイト[253]ですらほとんど情報公開されていない。チケット価格10元、乗り物料金は別途である。

　本章では、偽ディズニーランドと報じられた石景山の動向を考察する。

石景山遊楽園の概要

　石景山遊楽園は北京市内第2の規模の<u>公営遊園地</u>である。1986年創業、35万平米の敷地に中国式庭園と西欧風城砦建築を折衷した世界を展開する。「冒険世界」「幻想世界」などのテーマのエリアに合計100を超えるアトラクションがある。国家「AAA」級観光地に選出されている。スローガンは「求実（実を求める）」「創新（クリエイティビティ）」などである。国内紙、法制晩報によると、2009年1月26日の春節初日に3時間で2万人の入場客数を記録した。創業22年で連休期間中の入場者数記録を更新した[254]。

2.パクリディズニーランドの経緯
米国政府が中国を著作権侵害でWTOに提訴

　2007年4月、石景山は「<u>**ディズニーランドは遠すぎる**</u>」をキャッチフレーズに、シンデレラ城や「白雪姫と七人の小人」などディズニーランドに酷似したテーマパークとして大々的に報道された。同園はディズニーからキャラクターなどの使用許可を受けていなかった。中国で蔓延する著作権侵害の例として、米国政府は憤りをあらわにした。米政府は同年4月、中国を知的財産権の侵害問題で世界貿易機関（WTO）に提訴した。米企業らは中国の「海賊行為」によって年間数十億ドルの損害を被っていると主張した。著作権問題に対する中国人の意識は低かった。中国では社会的にも法的にも著作権保護に対する態度が寛容で、模倣品製造は主要産業とまでなっていた。米議会の諮問委員会は、中国政府自身の調査データを引

---

[253] 石景山遊楽園「我門」2022年3月20日アクセス
http://www.bjsjsyly.com/communal/index?action=topnavigation5_5
[254] 2009/01/29 Record China「＜早分かり＞まだあった！悪名高き「パクりディズニー」の遊園地—石景山遊楽園」

用し、中国の生産品全体の15〜20%が模倣品と指摘した。米国の提訴は中国に対する貿易制裁につながる可能性もあった。しかし、中国知的産権研究会の張志峰氏は、「中国政府にとって著作権的に合法なDVDやデザイナー・ブランドを入手できる経済力がほとんどない。消費者を変化させるより、貿易における制裁の方が楽だろう。中国には著作権に対する認識がない。中国人は**海賊版を使用することを悪いと思っていない**」「安定指向の中国政府には、国内の主要産業を強制的に取り締まる動機はほとんどないだろう」「政府が著作権保護を強化しても、中国にとって得になることはなく、海外の著作権保持者が得するだけだ。政府が著作権保護に乗り出せば、中国自身の模造品製造業が発展し、競争力をつけることはできない」「米国のWTO提訴が2国間関係に大きな影響をもたらすことは必至」と述べた。偽物を買う人のほとんどは、**本物は高すぎるから買えない**のである[255]。

北京市の指導で類似キャラクター撤去

2007年5月、北京市は石景山の問題のキャラクターを撤去させるなど事態の収拾を始めた。同園は独自のキャラクターと反論したが、キャラクターに似た像はほぼ全て撤去され、着ぐるみも見あたらなくなった。これについて、5月11日付けの中国での報道は、北京市が現地を調査した上で「緊急的な処理」をしたと伝えた。北京市が撤去させたらしい。北京市の対応は中国の知的財産権の侵害に対する批判が強まる中、米中の経済担当閣僚による協議が同月下旬に迫っていることに加え、2008年の北京五輪を前に中国のイメージダウンを避けたいという判断と見られる[256]。

米ディズニー社が北京市版権局に抗議

石景山がディズニーキャラクターを模倣した問題で、北京市版権局は米ディズニー社から著作権侵害の抗議を受け、実態調査を始めたと、5月11日の中国紙・新京報が伝えた。版権局の王野霏副局長によると、関連部門の職員がすでに現地調査を行い、同園に緊急措置を勧告した。ミッキーマウスや白雪姫に似た人形や、シンデレラ城などディズニーランドに似た建物の使用中止、変更を求めたとみられる。同園はミッキーマウスに似た人形は「ネズミではなく耳の大きい猫」と中国メディアの取材に説明するなど疑惑を否定してきた。同月10日の外務省定例会見で同園をめぐる質問があり、姜瑜副報道局長が「中国政府は知的財産権の

---

[255] 2007/04/10 AFPBB NEWS/AFP通信「海賊版製造は産業の一部、米国は著作権侵害でWTOに提訴ー中国」
[256] 2007/05/12 NHKニュース「中国・北京の"そっくり"遊園地　キャラクター像などを撤去」

保護を重視している」とコメントした。同園の問題がコピー天国といわれる中国全体の批判に発展しないよう火消しに躍起になっていた[257]。

模倣キャラクター撤去、新アトラクション建設予定

　2007年5月10日、北京市版権局が石景山に是正命令を出したことが明らかとなった。同園はディズニーキャラクターの使用を停止した。北京市版権局の王野霈副局長は、ディズニー社の通報を受け、北京市政府と関係部門は石景山の調査を開始したと発表した。北京市はこれまで一貫して知的所有権の保護に努めており、違法企業に厳しい態度で臨んでいると強調した。版権局で専門家による検討会議が開かれ、合法的なキャラクター使用について検討会を開いた。同時に版権局は石景山に自主的な対応を求めた。石景山は「ディズニーは遠すぎる！石景山遊楽園にいらっしゃい！」をキャッチコピーに、身近で体験できるディズニーランドを売り物にしていただけに、キャラクターの使用自粛は経営に大きな影響を与えるだろう。しかし同園の関係者は影響を否定し、「冒険島」「夢幻島」など新アトラクション建設が急ピッチで進んでおり、これにより集客力は増加すると述べた[258]。

証拠隠蔽しメディアに「模様替え」と説明

　石景山は証拠隠蔽を始めた。同園には日本のテレビアニメ「とっとこハム太郎」の壁絵もあった。同園は5月上旬に「ディズニーは遠いので石景山遊楽園に行こう」と書いた大看板を取り外した。5月9日に「白雪姫と七人の小人」に似た人形を壊した。職員は「模様替えをすることになった」と説明した。1986年設立の同園の乗り物数は中国最多とされ、年間入場者約150万人であった。同園は一部メディアに白雪姫に似たキャラクターを「<u>グリム童話</u>を題材にしたオリジナルキャラクター」と説明した[259]。

知的財産保護の点から問題なしと考える中国人が2割超

　石景山は中国の知的所有権保護が不十分な現状を示す事例として、多くの海外メディアが取り上げた。過熱する海外の報道を受け、中国メディアも石景山の報道を始めた。中国の大手ポータルサイト Sina.com はこの問題に関するネット調査を実行した。調査には2つの設問が用意された。一問目は「石景山がディズニーキャラクターを使って客を呼ぶ行為は過ち

[257] 2007/05/12 東京新聞朝刊7頁「ディズニー抗議で北京市『そっくり園』に勧告」
[258] 2007/05/11 Record China「ディズニーをパクった遊園地に、ようやく政府の是正命令—北京市」
[259] 2007/05/10 東京新聞朝刊7頁「やっぱりコピー？『証拠隠滅』北京のディズニーそっくり園」

だと思うか」で、途中経過で65.11%が「知的所有権の侵害であり、中国の国家イメージを損なう」、23.19%が「過ちではない。単にディズニーが作り出したキャラクターを使っただけ」、8.24%が「過ちではあるが、たいした問題ではなく、海外メディアが騒ぎすぎ」と回答した。二問目は「石景山のディズニーキャラクター模倣事件の原因は何だと考えるか」で、途中経過では、49.79%が「企業の知的所有権遵守の意識が弱い」、25.42%が「政府の知的所有権保護の取り組みが不十分」、22.58%が「外国人は知的所有権を建前に中国に圧力をかけている」となった[260]。

グリム童話を元に同園が独自に作ったキャラクターと主張

　2007年5月3日、レコードチャイナの記者は石景山を電話取材した。広報の劉氏は「最近日本からの取材が殺到して困惑している」と述べた。日本のメディアの取材内容はみな同じで、「ミッキーマウスとドナルドダックがいますよねと聞く」「あらぬ疑いをかけられて大変迷惑している」「ディズニーを模倣したキャラクターなどいない」「あれはグリム童話を題材にして石景山が独自に作ったオリジナルキャラクター」「事態は企業イメージに拘わることだけに、今後経営陣と協議し、対策を採りたい」と劉氏は述べた[261]。

ディズニーキャラクターを消しセーラームーン等を描く

　2007年7月、石景山は施設やイラストの大半を変更した。同園は白雪姫そっくりの大型人形を撤去した。遊具に描かれていたピーターパンや人魚姫のイラストも別のものに替えた。パンフレットにあった「ディズニーは遠いので石景山遊楽園に行こう」というキャッチフレーズはペンで消された。ミッキーマウス似のキャラクターもパレードから姿を消した。同園広報担当者は東京新聞の取材に「終わったことなのでコメントしない」と回答した。しかし園中央のシンデレラ城はそのままだった。ディズニーのイラストを消した遊具に「美少女戦士セーラームーン」など日本の人気アニメそっくりの絵柄を描いた。著作権上の問題はくすぶったままとなった[262]。

---

[260] 2007/05/08 Record China「ディズニー模倣、問題なしが20%超え。知的所有権に関するネット調査—北京市」
[261] 2007/05/03 Record China「ディズニー？ドラえもん？いえ、オリジナルキャラです！噂の石景山遊楽園に直撃！—北京市」
[262] 2007/07/14 東京新聞夕刊2頁「消えた白雪姫…シンデレラ城はそのまま　そっくり遊園地　こっそり模様替え　北京」

石景山が独身の大富豪の婚活イベント会場に

　2008年1月、中国で毎年盛大に行われるイベント「北京市洋廟会（国際祭り）」が石景山で春節に8日間開催された。「洋廟会」期間中、石景山内の「ファンタジーワールド（幻想世界）」や「アドベンチャーワールド（冒険世界）」にある20以上のアトラクションを一般市民に開放する。注目イベントは資産1000万元（約1.5億円）以上を保有する金持ちの男女合わせて14人の結婚相手公開募集である。国内各地から参加した彼らは、毎日男女1人ずつ登場し、自己紹介や理想の結婚を語り、特技を披露したりする。そのほとんどが35歳以上というが、いずれも厳しい審査を経た正真正銘の独身富豪である。期間中、貧困家庭の家族や北京五輪関連施設建設者は入場料が無料、干支生まれの北京市民は入場料や回数券が半額になる[263]。

28億円で北エリア建設、入場料140円

　2008年4月、石景山は32ヶ所の新アトラクションが建設された北エリアを同年5月の大型連休「五・一」（メーデー：労働節）にあわせてオープンする。これにより同園はアトラクション数国内最多のテーマパークとなる、と地元紙「法制晩報」が伝えた。同園は2億元（約28億円）と2年の歳月をかけて北エリアを建設した。そこには過去、現在、未来へと旅する「幻想世界」で、最新技術を導入したジェットコースターなどの絶叫マシンがある。もう1つは「冒険世界」で、音と光を駆使した迫力のあるアトラクションが多数用意されている。中でも「ジョーンズの探検」は大型水上アトラクションで1番人気になるだろう。「五・一」連休期間中、同園は北京市民のために無料で参加できるイベントも数多く用意している。同園の一般入場料は1人10元（約140円）、アトラクションとセットになった入場料は100元（約1400円）である[264]。

北京五輪の聖火リレーの経路に

　2008年8月、北京五輪の聖火リレーが最後の都市の北京で始まった。聖火が石景山を一周すると判明したので、サンケイスポーツの記者が取材した。同園の入口は家族連れで黒山の人だかりで、沿道は赤い服を着た人で埋め尽くされていた。関係者によると、入場者数は1

---

[263] 2008/01/30 Record China「億万長者14人が結婚相手を公募！会場は偽ディズニーこと石景山遊楽園—北京」
[264] 2008/04/28 Record China「「偽ディズニー」の石景山遊楽園、アトラクション最多のテーマパークに—北京市」

万人くらいであった。記者はシンデレラ城近くの撮影ポイントに案内され、周りに報道陣はいなかった。聖火リレー開始30分前に直前イベントが始まった。同園オリジナルキャラの猫がダンスした。4匹しかいないはずなのに、この日は5匹いた。踊り終わると着ぐるみをその場で脱ぐという夢を壊す演出もあった。次はロシア人ダンサーらがサンバを踊っていると、聖火が登場した。地元報道陣らを引き連れ、シンデレラ城などをバックに走った。「中国、加油」（頑張れの意）と声援が飛んだ。49走者で約30分間、混乱はなく盛り上がった[265]。

カフェにミッキー、プルート、チップ＆デール等の壁画

　2008年8月、サンケイスポーツの記者が北京五輪開催前の最後の日曜日に同園に行った。**入場料10元（約160円）**を払って中へ入ると、五輪マスコットが描かれた旗があちこちに掲げられ、五輪ムードが漂っていた。入口から50メートルほどで**バッグスバニー**（ワーナー・ブラザースのキャラクター）に似たキャラクターがいた。進むとビッグサンダーマウンテンもどき、中央にシンデレラ城、奥で**ダンボ**もどきと遭遇した。**国営**なのに「ディズニーランドもどき」の様相を呈していた。スタッフにディズニーキャラかと聞いてみたら「違う」と否定した。同園は「アジアで唯一100種超の乗り物がある大型テーマパーク」を売りにしている。あちこち探したが、着ぐるみは見られず、ドラえもん、ハローキティなど日本のキャラクターもどきはいなかった。30度超の暑さのため、記者が休憩のためカフェに入った途端、ミッキーマウスを発見した。ミッキーマウスはカフェの内側の壁に描かれる形で存在した。プルートが隣に、奥にチップとデールもいた。ミッキーはあふれる「もどき」と違い、本家にそれほど手を加えず、「パクリ」そのものだった。周囲の人々にあれは何かと聞くと、「ミッキーマウスだよ」と答えた。同園のスタッフは記者のパクリ疑惑の直撃に対し、「幸せのシンボルのネコのキャラクターをはじめ、自分たちのキャラクターがいっぱいいます」と否定し、すべてオリジナルだと主張した。「園内でミッキーマウスを見た」と伝えると、「そんなの聞いたことがない」と答えた[266]。

報道されなくなってからまた類似キャラクター出現

　2008年8月の日曜日、毎日新聞北京支社の記者が同園に調査に行った。10元（約150円）を払って入場すると、結構にぎわっていた。ディズニーキャラクターの着ぐるみや人形は一

---

[265] 2008/08/07 サンケイスポーツ0頁「偽ディズニーランドも聖火でフィーバー」
[266] 2008/08/04 サンケイスポーツ0頁「ミッキーもいた！模様替え石景山遊楽園」

掃されていた。「ディズニーは遠過ぎる。石景山遊楽園に行こう」と書かれた大看板はなかった。顔は水色の猫だが、首から下がミッキーマウスそっくりの人形が立っていた。「以前はミッキーだったのでは？」と聞くと、係員は「当園のオリジナルキャラクター」と言った。突然始まったステージショーにオリジナルだという猫やうさぎが登場した。役者はステージから下り、その場で着ぐるみを脱いで笑顔を見せた。子供の夢を奪うのではと思った。海が舞台のアトラクションにディズニーキャラクターそっくりだが色が微妙に違う魚像が紛れていた。人魚姫に似たキャラクターもいた。売店にディズニーやドラえもんなど日本の人気アニメのキャラクター人形が売られていた。係員に「本物か」と聞くと即座に「ノーコメント」と答えた。「本物なら買う」と言うと、不機嫌そうに「お前がほしいなら買え」と言った[267]。

キャラクター以外のイベントで集客

　2009年1月、春節の同園で丑年を記念して牛の丸焼きを来場客に振舞うと伝えられた。同園はキャラクター無許可使用ではなく、異なるイベントで集客しているようである[268]。

築29年の観覧車が老朽化で引退

　2015年4月、同園の29歳になる観覧車が老朽化で引退した。高さ55メートルで6人乗りのゴンドラが36ある。毎年数回行われる点検以外に、国家特検院の検査・測定に合格し、合格証を得て運営していた。しかしこの観覧車はすでに29年運営しているため、特殊設備安全法および安全監管条例の規定により運営を停止する。新たに作る観覧車は高さ100メートルと今の観覧車より倍近く高くなり、北京市西部の新しいランドマークになるだろう[269]。

3.発見事項と考察

　本章では、偽ディズニーランドと報じられた石景山の動向を考察し、次の点を発見した。
　第1に、石景山は国営である。エンターテイメント事業が国営とは、資本主義の国では考えられない。日本に国営テーマパークは無いが、公営テーマパークはある。ほとんどの公営テーマパークは地方自治体との第3セクター（官民合同）である。国営で質の高いエンター

---

[267] 2008/08/21 毎日新聞　西部朝刊 23 頁「ニイハオ！北京：“偽ディズニーランド”その後...あくまでオリジナル」
[268] 2009/01/29 Record China「＜早分かり＞まだあった！悪名高き「パクリディズニー」の遊園地—石景山遊楽園」
[269] 2015/04/20 新華社ニュース（日本新華夏）「中国・北京市　石景山遊楽園の観覧車が“引退”」

テイメントが生まれるのか。激しい競争の中から高品質なエンターテイメント誕生する。別の観点から、国営企業が外国のブランドを模倣することも信じ難い。

第2に、2007年に同園がディズニーランドに酷似していると、米国政府が中国を著作権侵害でWTOに提訴した。中国の生産品全体の15〜20%が模倣品という資料もある。中国で蔓延する著作権侵害の例として報道が加熱した。中国の知的財産権に詳しい識者は次のように言う。中国政府にとって著作権的に合法に購入できる経済力はほとんどない。中国は著作権に対する認識が低い。中国人は海賊版を使用することを悪いと思っていない。中国政府が著作権保護を強化しても、中国にとって得になることはない。海外の著作権保持者が得をする。政府が著作権保護に乗り出せば、中国製品の模造が発展するイタチごっこである。偽物を買う人のほとんどは、本物は高すぎるから買えない。

第3に、北京市版権局は米ディズニー社から著作権侵害の抗議を受け、実態調査し、緊急措置を勧告した。2008年の北京五輪を前に中国のイメージダウンを避けたいからと見られた。中国初の五輪の前で、国際的な批判を避けたいタイミングだったことも大きいだろう。同園は独自のキャラクターと反論した。真面目で気が弱い日本人なら、謝って萎縮するところであるが、中国の事業者はあらぬ疑いをかけられて迷惑していると強気にはねのけ、さらに被害者の立場になる。中国に進出した日本企業が、事業がうまくいかないことが多い理由が分かる気がした。

第4に、同園はミッキーマウスに似た人形は「ネズミではなく耳の大きい猫」などと説明した。日本のテレビアニメ「とっとこハム太郎」の壁絵もあった。同園は一部メディアに「グリム童話を題材にしたオリジナルキャラクター」「日本から取材が殺到して困惑している」「あらぬ疑いをかけられて迷惑」「ディズニーを模倣したキャラクターなどいない」と回答した。ディズニーアニメの「白雪姫」と「ラプンツェル」の**原作はグリム童話**である。グリム童話とは、1700年代生まれのドイツ人、グリム兄弟に執筆された童話集である。著作権は作者の死後50年間保護される。グリム兄弟の死後、50年を超えているので、著作権で保護されない。ただし、「環太平洋パートナーシップ協定の締結及び環太平洋パートナーシップに関する包括的及び先進的な協定の締結に伴う関係法律の整備に関する法律（平成28年法律第108号）」による著作権法の改正により、原則として著作者の死後70年までに延長された[270]。

---

[270] 文化庁「著作物等の保護機関の延長に関するQ&A」2022年3月22日アクセス
https://www.bunka.go.jp/seisaku/chosakuken/hokaisei/kantaiheiyo_chosakuken/1411890.html

第5に、中国の大手ポータルサイトが調査したところ、約65%が「知的所有権の侵害であり、中国の国家イメージを損なう」と答えた。つまり6割超の中国人は中国の国家イメージダウンを感じていた。約23%が「過ちではない。単にディズニーが作り出したキャラクターを使っただけ」と答えたことから、著作権保護に価値を感じていないことが分かる。約22%が「外国人は知的所有権を建前に中国に圧力をかけている」と、外国勢が悪いと考えていることが発覚した。

　第6に、同園は施設やイラストの大半を変更し、メディアに「模様替え」と説明した。白雪姫、ピーターパン、人魚姫などを撤去し別のものに替えた。パンフレットにあった「ディズニーは遠いので石景山遊楽園に行こう」というキャッチフレーズはペンで消された。日本の企業なら新しく刷り直すが、同園はペンで塗って消すことで経費削減している。そしてディズニーのイラストを消した遊具に「美少女戦士セーラームーン」など日本の人気アニメそっくりの絵柄を描いた。おそらくアメリカに比べて日本からの苦情がおとなしいからだろう。

　第7に、同園はその後、婚活イベントなど模倣キャラクターと関係ないイベントで集客し始めた。2008年8月に北京五輪の聖火リレーが石景山を聖火が一周し、報道された。2009年の旧正月に丑年を記念して牛の丸焼きを来場客に振舞った。同園はキャラクター無許可使用ではなく、イベントで集客している。2015年に石景山の29歳になる観覧車が老朽化で引退し、よりハイスペックな観覧車が新設されると報じられた。このような内容が一般的なテーマパーク関連の報道である。莫大な広告費をかけず、広報で知名度を上げる。テーマパークは話題性あるイベントを打ち出し、報道されることが重要である。

　第8に、記者が聖火リレーの取材に行ったところ、同園オリジナルキャラの猫は4匹しかいないはずなのに、聖火リレーの日に5匹いた。踊り終わると着ぐるみをその場で脱ぐという夢を壊す演出があった。ロシア人ダンサーらがサンバを踊った。ロシアの踊りはコサックダンスである。サンバはブラジルのダンスである。通常、日米のテーマパークでは、ロシア人がコサックダンスを、ブラジル人がサンバを踊る。石景山ではテーマの統一にこだわらず、ショービジネスであれば良いようである。乗り物タイプのアトラクションが最も高額で変更が難しい。人がダンスやパフォーマンスをする方が低額で変更が簡単である。ダンス後に着ぐるみの頭部を外して挨拶し、記念撮影に応じるのは、その出演者がスターの場合である。そうではなく、キャラクターをスターに育てたいはずなので、目的に逆行している。

　第9に、報道されなくなってから2008年8月に類似キャラクターが出現したとことが、サンケイスポーツと毎日新聞北京支社の記者の取材で発覚した。バッグスバニー、ダンボもどき、ビッグサンダーマウンテンもどき、シンデレラ城があった。記者がスタッフにディズ

ニーキャラかと聞いたら「違う」と否定した。カフェの内側の壁にミッキーマウス、プルート、チップとデールが描かれていた。記者がスタッフに取材したら「自分たちのキャラクター」と主張した。記者が「園内でミッキーマウスを見た」と言うと、「そんなの聞いたことがない」とコメントした。つまりスタッフは模倣を否定するよう言われているのだろう。

4.まとめ

　本章では、2 つの問題が露呈した。①中国の著作権意識の低さ、②外国勢のテーマパークの入場料など価格の高さである。ここでは②について述べる。

　2008 年に石景山は 28 億円かけて 32 ヶ所の新アトラクションを建設した。この頃、同園の一般入場料は 10 元（約 **140 円**）、アトラクションとセットになった入場料は 100 元（約 **1400 円**）であった。新興国のテーマパークの研究をしていると、「先進国の値段に近い。富裕層しかターゲットにできない。市場が小さすぎる」と書かれている。2008 年の北京ですら、入場料約 140 円、アトラクションに乗れるチケット約 1400 円であった。上海ディズニーや香港ディズニーは日米のディズニーランドに近い値段である。これでは一部の富裕層と上位の中間層しかターゲットにできない。ディズニー、ユニバーサル、レゴランド、キッザニア、サンリオ、マダムタッソー、ドリームワークス（スティーブン・スピルバーグ監督の映画会社）などが中国に進出しても苦戦する理由が分かった。先進国で成功してブランド力ある企業は新興国に進出したい。先進国はすでに飽和している。しかし新興国の富裕層と中間層が増加しているとはいえ、まだまだ先進国の値段に近いなら、それに耐えられる中間層は少ない。新興国の物価が上がるのを待つという手があるが、それも甘くない。新興国の物価が上がると、地価、人件費、資材、運営コストなど全てが上がる。

　本章の限界は、同園が上場しておらず、ほとんどの情報が非公開で、財務状況などが全く分からないことである。今後の研究課題は、他の模倣テーマパークの研究である。中国以外の国でも模倣テーマパークの可能性は十分にある。

短編5　抗日テーマパーク「八路軍文化園」

1.はじめに

　万達は中国当局の資金締め付けで資産を売却したため、共産党の希望に沿った「紅色のテーマパーク」を作ると2019年に発表した（第5章）。万達は「共産党革命の聖地」と呼ばれる陝西省延安市で中国の歴史や文化を学ぶ施設や劇場をつくる[271]。筆者は同市にこのテーマパークがあるか検索したら2023年2月現在、無いようだ。ところが、山西省武郷県にある抗日テーマパーク「八路軍文化園」が出てきた。中国で赤色観光のテーマパークというとこの八路軍文化園らしい。

　本編では、八路軍文化園はどのような目的で設置されたどのようなコンテンツか考察する。

2.参加型の「抗日」戦争体験テーマパーク人気

　「八路軍文化園」は2011年に開園した。1937年からの日中戦争に勝利した英雄と教育されている中国共産党の八路軍の拠点があった山西省武郷県の太行山に立地する。2012年9月に日本政府による尖閣諸島国有化への抗議で反日デモが起きた頃から人気が出始め、週末には家族連れも含め1日2000人以上が訪れる。中国人民解放軍の前身にあたる八路軍兵士に扮して、日本兵との戦闘シーンを演じる参加型「抗日テーマパーク」である。園内ではまず日本兵役のスタッフが中国人に危害を加えるパフォーマンスが演じられ、入場者の憎悪をあおる。次に入場者は八路軍の軍服を着てモデルガンを手に走り回り、市街戦で敵兵と戦う大人の戦争体験ができる。入場料は1人90元（約1250円）で、60元の追加料金でゲリラ戦も体験できる。**武郷県当局が観光振興**のため開設、運営に当たる。同園は「愛国教育基地」に指定され、地元小学生らが訪れる「八路軍太行記念館」に近接している。八路軍文化園は「共産党革命の精神を疑似体験できる」として教育効果をうたっている[272]。

赤色観光盛況

　2021年になると、中国では共産党の歴史に関する場所をめぐる「赤色観光」が巨大市場になっていた。共産党の歴史に関する場所をめぐり、革命史や革命精神を学習・追慕する旅行

---

[271] 2019/04/19 日本経済新聞電子版「中国・万達、「革命の聖地」にテーマパーク」
[272] 2013/01/05 産経新聞　大阪朝刊7頁「八路軍の戦闘体験人気　山西省に「抗日テーマパーク」」

は中国で「赤色観光（紅色旅遊：レッドツーリズム）」と呼ばれる。2004年12月に中国政府によって打ち出され、全国12の重点観光エリア、同30の優良観光ルートなどが指定された。赤色観光は年々盛り上がり、2015年だけで参加者総数7億人超、総収入2000億元（約3.6兆円）を超える。そこで近現代史研究者（プロパガンダの国際比較）の辻田真佐憲氏は中国の赤色観光に参加し、実態を探るため八路軍文化園に行った。

辻田氏は延安から電車に乗って東進し約6時間、山西省の省都・太原で高速バスに乗り換え、さらに約2時間南下して、**樹木も人家もまばらな黄土高原の中に突如**として八路軍兵士の巨大な単立像が現れた。最寄りのインターチェンジを降りれば長治市武郷県で、「紅色文化を継承しよう」「全国第一のレッドツーリズム・ブランドを目指そう」などのスローガンがあふれる。人口約20万だが、中国では田舎で、建物は低く、道はガラガラだった。その町の真ん中に八路軍をテーマにした同園が存在する。日中戦争の時に八路軍の拠点だったこの地域は赤色観光に活路を見出そうとしている。山奥で産業に恵まれないため「八路軍の故郷」というブランドを活用する。体験型テーマパークで遊んで抗日精神を育てることが同園の特徴である。武郷県当局傘下の国有企業によって運営されている。入場ゲートに近づくとスピーカーから軍歌「遊撃隊の歌」の歌詞「日本の強盗がいかに凶暴でも我らの兄弟は勇敢に立ち向かう」が鳴り響いた[273]。

3.考察

同園は、樹木も人家もまばらな黄土高原の中に突如として出現すると辻田氏は述べた。筆者はこのような立地を**筑波大学型**と定義した（中島、2022a）。低予算で用地を獲得する3つの方法として、①郊外に突然出現する筑波大学型、②傾斜地を有効活用する中央大学型、③両大学複合型がある。これら3種類の土地は不動産価値としては低いため、低予算で取得できる。同園はめぼしい産業がない地域に八路軍の故郷というアイデンティティがあるため、それを活用した。同園を建設するために集客に有利な場所に土地を購入したのではない。産業に乏しいエリアに八路軍の故郷というアイデンティティを結びつけ、赤色観光の目的地とした。テーマパークの立地とコンセプトとして初めて聞いた。戦争の負の遺産は広島平和記念公園など世界遺産に登録されているケースもあるが、エンターテイメント施設ではなく博物館である。

---

[273] 2021/07/07 PRESIDENT Online「「総面積はディズニーランドの3.5倍以上」中国の抗日テーマパークで売られている"ひどいお土産"小難しい理屈よりも、楽しさで洗脳」2023年2月18日アクセス https://president.jp/articles/-/47565

短編6 大連の日本街「盛唐・小京都」と日本バッシング

1.はじめに

　大連は中国で最も親日的とされる。大連市を含む東北部は大日本帝国が統治した満州国であった。2021年8月25日に大連市の沿岸部のリゾート地で開発中の複合商業施設「盛唐・小京都」が1週間で営業停止に追い込まれた。「唐代とその影響を受けた京都の融合」をテーマにした中国最大級の日本街になる計画だった。大連市政府は理由に「新型コロナ対策」と「ネット上の批判」を挙げたが、実際は後者が主な理由だった。中国のSNS微博に批判が殺到した。開業が柳条湖事件（満州事変の発端）から90年という節目だったことも反日世論を刺激した。大連市政府の重要プロジェクトで、地元も期待していた。中国では近年、日本ブームが起きている[274]。

　本編では、大連の京都をテーマにした複合商業施設が日本バッシングで営業停止に追い込まれ、日本の要素を廃して営業再開する過程を考察する。

「盛唐・小京都」の概要

　「盛唐・小京都」は大連市中心部から約30キロ離れた海岸沿いの金石灘国定観光リゾート区に約1000戸の日本風住宅と商店街、温泉などを組み合わせ、約60億元（約**1000億円**）を投じた観光開発である。約50万平方メートルに中国の不動産開発企業、**大連樹源科技集団**（以降、樹源）が中心となり、日本企業の協力を得て建設した。京都は中国の唐時代の文化の影響を強く受けたので「唐全盛期」を意味する「盛唐」と名付けた[275]。

　京都の街並みをリアルに再現できたのは、樹源が日本にある複数の建築事務所でつくるグループ「JCAP7[276]」の協力を得たからである。日本の設計チームは清水寺周辺で特殊なカメラを使って建物や道路の幅や高さのデータを集め設計した。例えば商店街の道幅を約4メートルと狭くしたことでリアルになった。開業時点では商店街に寿司など日本料理店や化粧品

---

274 2021/10/30 産経新聞　東京朝刊13頁「【記者発】「日本が嫌い」な中国ネット世論　外信部・桑村朋」

275 2021/10/04 毎日新聞　朝刊24頁「中国：中国　揺れる大連の「小京都」「歴史」か「経済」か、ネットで応酬　大盛況→閉鎖→再オープンへ」

276 2020/10/22 JCAP7「大連盛唐・小京都プロジェクトモデル住宅完成」2023年2月17日アクセス http://www.jcap7.com/jp/news/dalian-littlekyoto/

といった日本産品を扱う店を集めた。樹源は「本物の日本を体験できる街」にして他の商業施設と差別化した。現在も商店街では日本関連の店舗が目立つ[277]。

2.再オープン後の不調
経済振興かナショナリズムかの論争

　2021年10月、同施設の是非をめぐり中国で議論が続いていた。同施設は地元経済振興の起爆剤として地方政府も期待する。経済振興かナショナリズムか、中国内の議論が揺れた。結局、名称から「京都」を取るなど、日本色を薄めて10月上旬に再オープンする。閉鎖で職を失うのは中国人と、開発業者や商店街、従業員らの立場に理解を示す論調もあった。9月上旬に国営新華社が主管する週刊誌がサイトに掲載した「売国？ポピュリズム？」と題する記事は、日本の街並み建設は売国なのか、それを批判するのがポピュリズムなのか、という問いを立て、このプロジェクトは遼寧省に貿易重点地区を作る国レベルの方針に基づき、政府の承認を受けていると指摘した。さらに「民族感情の尊重は過激なポピュリズムへと流れることではなく、中日間の文化、経済、ビジネス交流を止めることでもない」との専門家の見方を紹介した。この記事は中国共産党機関紙「人民日報」系のサイトなどでも転載された。同施設に飲食店を出店する「松井味噌」の松井健一社長は、オープン時に予想の数倍の客が来るなど、すでに周辺観光の目玉の一つとなっており、地元での評価は高いと述べた[278]。

旧東側陣営の国の特色を打ち出して再オープン

　2022年1月23日、同施設が営業を再開した。日本文化による侵略と批判されたため、中国や北朝鮮、ロシア、モンゴルなどの物販店や飲食店をそろえ、日本色を薄めて批判を回避した。施設名を「金石萬巷」に変更した。北海道など日本に関連する店舗の看板も変えた[279]。

多国籍の店舗を集めるも苦戦、別荘型高級ホテルは好調

　2022年8月、同施設が開業1年を迎えた。多国籍の店舗を集める戦略に転換したが、思うように店がそろわず、イメージ転換は空回りした。日本色を薄めたため施設の特徴があい

277 2022/09/27 日経産業新聞 13 頁「中国・大連「リトル京都」反日の逆風　別荘拡張に活路（グローバル Views）」
278 2021/10/04 毎日新聞　朝刊 24 頁「中国：中国　揺れる大連の「小京都」「歴史」か「経済」か、ネットで応酬　大盛況→閉鎖→再オープンへ」
279 2022/01/12 日本経済新聞電子版「中国の京都風施設、営業再開へ　北朝鮮やロシアの店舗も」

まいになり、集客はまばらであった。日経新聞の取材陣が8月中旬に訪れると、飲食店や物販店が並ぶ商業エリアは閑散としていた。ラーメン店などを経営する日本人経営者は「計画よりも集客数は少ない」と言う。新型コロナが落ち着いた大連で観光客が戻っていた。複数のホテルで集客が好調なものの、同施設はその恩恵がない。北朝鮮とスペイン、イタリアの店舗はイメージの看板が設置されたが、8月時点でなお開店していない。施設関係者は「テナント集めで苦戦している」と言う。同月5日に全49棟に露天の温泉がつく別荘型の高級ホテルを開業した。ホテル幹部によると、先行開業した29棟のうち半分は毎日埋まった。敷地内にある別荘の販売も比較的好調だった。約290棟の第1期は完売した。200棟以上ある第2期も半分以上が売れた。第3期を含めると全体で1200棟規模を売る。日本風建築の品質が高く、雰囲気が良いためホテルと別荘は好調であった。しかし台湾問題などで反日の動きがくすぶるため、樹源は「日本風」を宣伝できない[280]。

3.考察

　本編では、大連の京都をテーマにした複合商業施設が日本バッシングで営業停止に追い込まれ、日本の要素を廃して営業再開する過程を考察した。

　2005年に王敏[281]著『ほんとうは日本に憧れる中国人』が発売された。著者によると、「日本好き」は今の中国の若者の現象である。大都市に次々に誕生している「日本城」は日本製品を扱う店舗が集まった日本街で、若者たちの人気スポットである。一方、若者は日本の首相が靖国神社に参拝することに強烈な拒絶反応を見せる。若者の日本観に二重性がある[282]。

　またネット上の反日記事はPV（ページビュー）稼ぎと指摘されている。政府系メディアは同施設の日本風情街を一切批判しておらず、セルフメディアが煽り記事を流しただけとの指摘もあった。中国では近年、個人や小規模、新興メディアが乱立し、大手ポータルサイトにも記事を配信しているが、中身は玉石混交でPV稼ぎに過激な反日記事を流すこともある[283]。

　本件は、過剰な日本批判が原因で中国人が中国経済に打撃を与えたケースとなった。中国企業（樹源）が同施設に1000億円投じて新築したが、1週間で営業停止に追い込まれた。テナントや従業員は経済的損失を受けた。中国人が中国人の首を絞めることとなった。

---

[280] 2022/08/18 日本経済新聞　朝刊10頁「中国・大連の「京都風施設」開業1年　イメージ転換も空回り」

[281] 王敏：1954年、中国河北省生まれ。比較文化論研究者。法政大学名誉教授。

[282] 2005/02/06 東京読売新聞　朝刊15頁「「ほんとうは日本に憧れる中国人」王敏著」

[283] 2021/09/03 Record China「盛況だったのに…大連の日本風情街が営業停止＝中国ネット「これぞ愛国」「狂ってる」」

戦争など歴史問題のある国のテーマパークが自国に進出してくる際、反発するか、歓迎するかに国民性が現れるということが本書で明らかになった。

　大連の同施設は日本批判がネット上に巻き起こり、開業1週間で営業停止に追い込まれた。その後、名称変更し、京都というテーマをやめて経営再開したものの、テーマが不明瞭になり魅力が低下し、集客力が落ちた。また抗日テーマパーク「八路軍文化園」は日本兵を打ちのめすパファーマンスや戦争体験が人気である（短編5）。

　それに対して、TDLが開業した1983年、東京大空襲の被害に遭った地だと言って反発する人はおらず（実際は千葉県浦安市に立地）、TDLを歓迎して大盛況、その後ずっと人気テーマパークである。2001年に大阪にUSJが開業した時、大阪大空襲の被害に遭った地だと言う人はおらず、USJを歓迎して人気テーマパークである。さらに2014年にUSJが沖縄に第2パークを作ると発表した際、沖縄戦の被害を理由にアメリカ系テーマパークの進出を批判する人はいなかった。旧日本兵が旧米兵を攻撃するような戦争体験テーマパークは日本に無いと思われる。日本は空襲や原子爆弾、沖縄戦など戦争被害があったが、戦後長く反米精神を引きずってアメリカを批判して米系企業の進出を阻止する動きはないだろう。戦争問題がネット上に書かれたことを考えると、PV稼ぎなのではないか。大連の同施設がネットで批判された時、営業停止しなくても良かったと筆者は個人的に思う。特に個人SNSに日本批判が書かれたとしても、1000億円も投じて新築した「盛唐・小京都」を営業停止する必要はなかっただろう。初期投資1000億円を回収できるのか。まだ間に合うので、ほとぼりが冷めた頃、京都をテーマに日本食、日本製品、着物などの店をテナントに集めて営業再開したらどうだろうか。

終　章　無我夢中の経済開発と SDGs の必要性

1.本書の要点

　本書では中国のテーマパーク産業を経営学的に論じた。本書は三部構成で、序章で世界ラ
ンキングと世界動向、第Ⅰ部でディズニーランド、第Ⅱ部でユニバーサル・スタジオ、第Ⅲ
部で他の企業（非ディズニー・非ユニバーサル）を考察した。中国のテーマパークは供給過
剰なので、今後閉園が相次ぐだろう。中国市場全体の特徴は、無我夢中の開発が推進されて、
一国として適切な供給量が無視されていることである。環境保全の意識はあるが、テーマパー
クが閉園に追い込まれたら環境保全に反する結果となる。テーマパークのみならず観光開
発全般に SDGs の必要がある。

第1章　香港ディズニーランド

　香港ディズニーランド計画から現在までの経緯を考察した。香港ディズニーは香港國際主
題樂園有限公司という香港政府と米ディズニー社の合弁企業に所有されている。香港政府が
株式の 57%、米ディズニー社が 43%所有している。香港ディズニーは香港政府が 57%出資
する公共事業である。香港ディズニーの総工費 30 億ドル（約 3000 億円）のうち、米ディズ
ニー社は 3 億ドル（約 300 億円）強を負担した。米ディズニー社は香港政府に条件で大きく
譲歩させることに成功した。香港ディズニーは高額すぎて富裕層のみが対象となった。開業
後すぐに低迷し、盛んに報道された。香港ディズニーは開業前の過剰な期待のわりに、東京
のようにならなかった。アジアにディズニーランドをつくれば東京のようになるはずだった
のに、香港は振るわない。これを「香港ディズニーランド・ショック」と定義した。香港ディ
ズニーランド・ショックは「ディズニーランド神話崩壊」を決定的なものにした。ディズ
ニーランド神話とは、ディズニーランドをつくれば日米のように成功するという神話である。
フランスのユーロディズニーと香港ディズニーはディズニーランド神話を崩壊させた。

第2章　なぜ上海ディズニーランドは開業できたのか

　上海ディズニーランド誘致から開業後の経緯を考察した。上海ディズニーを経営する企業
は米ディズニー社と上海申迪（集団）有限公司という国有企業である。米ディズニー社が株
式の 57%、上海申迪が同 43%を所有する。245 億人民元（37 億米ドル）はテーマパーク建
設、45 億人民元（7 億米ドル）がホテル等に投資された。投資比率はそれぞれのパートナー

企業から30%の借入金と70%の資本金である。合弁企業を経営する企業は米ディズニー社が70%、上海申迪が30%の株式を所有する。上海ディズニーは富裕層しか耐えられない価格設定になった。大きく入園者数を伸ばすよりも客単価を引き上げる戦略に変えた。

　US上海は計画中止になったのに、なぜ上海ディズニーは開業できたのか。US上海計画の2002年に入場料6000円は上海市の最低賃金の79%なので、日本円換算で大人1人15万円、2人なら30万円である。対して、上海ディズニーが2016年に開業した時点で物価が上がり、入場料8000円は上海市の最低賃金の23%なので、日本円で3.8万円、2人で7.6万円となり、上位の中間層なら可能な価格となっていた。

表1：US上海と上海ディズニーの入場料を東京都の最低賃金をもとに換算

	年	上海市最低賃金	入場料	最低賃金比率	日本円換算
US上海	2002	635元 （約7620円）	500元 （約6000円）	約79%	約15万円
上海ディズニー	2016	2190元 （約3.5万円）	499元 （約8000円）	約23%	約3.8万円

＊数値は小数点以下1位まで、およその計算。

＊物価を最低賃金に占める入場料金の比率で計算。他にも物価算出方法はある。

第3章　ユニバーサル・スタジオ上海の計画中止

　US上海の計画から中止までの経緯を考察した。米ユニバーサル社は上海市の国際空港や高級ホテル建設が進む浦東地区にUS上海を新設すると発表した。開業時期は上海万博や北京五輪との相乗効果を狙える2008年前後に、大阪のUSJと同様のテーマパークで初年度800万人を目指した。US上海計画中止の主要因は、①富裕層しか対象にできない高額な入場料、②中央政府の景気過熱抑制策にあった。US上海の入場料を2004年の物価で500元（約6000円）前後という高額に設定していた。それは上海市の最低賃金に相当する水準で富裕層しか入場できない。資材高騰で建設コストが上昇した。上海は商圏の人口を満たすことはできるが、まだ日米欧に比べて物価安である。中間層が薄く、中間層に支出可能な金額は日米より低い。2002年当時、北京五輪（2008年）と上海万博（2010年）が決まっていたので、大型テーマパーク誘致に成功すれば経済成長が加速する。しかし景気過熱抑制を図る中央政府が大型投資案件の着工承認を遅らせた。2010年の上海万博までは高成長が続く「上海ドリーム」で、企業は現実性の無い**妄想**のような計画を多数出していた。

第4章　ユニバーサル・スタジオ北京

　US 北京の企画から開業、その後の経緯を考察した。米ユニバーサル社の中国提携先の北京首都旅游集団（BTG）の子会社が US 北京を運営している。同社は北京の国有資本投資会社で資産 1300 億元超、「中国の最も価値ある 500 ブランド」の上位にランクインする。同社は 1998 年 2 月に設立され、上海証券取引所に上場されている。US 北京は北京市アドレスながら開発が遅れた通州に立地するため、同エリアの経済を牽引することが期待されている。US 北京があれば大型テーマパークがないという北方観光市場の悩みが打開される。北京市は観光客の滞在時間を延ばす方法として会議・エキシビションを兼ねた旅行、娯楽性のある旅行を目指す。米中が対立するも、中国でハリウッド人気は強い。習近平指導部は芸能や教育など若者の思想形成に影響力を持つ分野への介入を強める。US 北京は別格で、US 北京の運営会社には北京市の国有企業が 7 割を出資し、政府が収益の多くを握る。米映画会社は中国当局を刺激しないコンテンツ作りを進める中、中国当局と米企業による共存共栄策が US 北京につながった。しかし 2022 年 9 月に中国は新型コロナ対策を行い、US 北京は 2 ヶ月近く休業、入場者数制限、営業時間短縮を強いられ、多額の損失を計上し、レイオフを行った。US 北京開園前に来場者数が年間 1000 万〜1200 万人になると予測していたが、2021 年 9 月の開園から年末までの来場者数は 210 万人余りにとどまった。

第5章　「中国版ディズニー」を目指す大連万達集団 〜バブル期に乱脈投資〜

　万達が「中国版ディズニー」を目指してテーマパーク事業に参入し、無謀な投資を繰り返し、閉園に追い込まれた経緯を考察した。万達は 1988 年創業の多国籍巨大コングロマリットで非上場である。2018 年の利益は 2143 億元（約 3.8 兆円）、資産 6257 億元（約 10 兆円）である。万達は通販増加で SC からテーマパークによる集客にシフトした。万達のテーマパーク事業への傾注は、中国の消費者の関心が「モノ消費」から「コト消費」に移っていることによる。万達の狙いは、①巨大市場の開拓、②商業施設への集客である。万達は中国各地の主要都市の中心部に巨大 SC を展開し、アミューズメント施設や高級ホテルを組み合わせた「ディズニー型」の事業展開を目指す。同社の王董事長は「広東省広州市と江蘇省無錫市に建設するテーマパークで、それぞれ香港と上海のディズニーランドから観光客を取り込みたい」と述べた。王氏は「中国版ハリウッド」「中国版ディズニー」を目指すと表明し、青島に 8100 億円で映画村「東方影都」を作った。しかしその大半を売却する羽目になった。王氏は上海ディズニーから客を奪うプロジェクトをテレビで発表し、ディズニーへの対抗心をあらわにした。万達は上海周辺の 3 都市に 3 ヶ所のテーマパークを開業し上海ディズニー

の客を奪う**上海ディズニーランド包囲網**という戦略をとった。しかし 2018 年に「中国版ディズニー」計画が破れ、13 ヶ所のテーマパークの運営権を同業社に約 1000 億円で売却した。王氏の「打倒ディズニー」の野望が絶たれた。ところが、万達はそこで終わらなかった。同社は 2019 年に毛沢東らが暮らした「共産党革命の聖地」である延安市に 2000 億円を投じて、中国の歴史や文化を学ぶ施設「紅色のテーマパーク」計画を発表した。

第6章　中国最大手、華僑城集団

　華僑城集団のテーマパーク事業展開を考察した。華僑城は観光業や不動産開発ではなく、包装業者として始まった。段ボール箱などを製造する業者が観光開発、都市開発業者に多角化し、テーマパークを併設するようになった初めてのケースと思われる。同社傘下の全国チェーンテーマパーク「歓楽谷」は北京、上海、深圳、武漢などに 5 園展開され、2012 年の年間旅行総合事業収入は前年比 65%増の約 104 億元、売上総利益率は同比 3.08 ポイント上昇し 45.38%に達した。年間来場者数は延べ 2619 万人で過去最高を記録した。華僑城の 2013 年 7-9 月の事業収入は同比 80.93%増の 66 億 1800 万元、純利益は同比 91.23%増の 10 億 8600 万元だった。中間層拡大により短期間で急成長した。同社は上海でテーマパークを運営するため、2016 年の上海ディズニー開業でさらに大きな市場が生まれなければ、既存の市場を分け合う。

第7章　石景山遊楽園という偽ディズニーランド

　偽ディズニーランドと報じられた石景山の動向を考察した。2007 年 4 月に米ディズニー社からキャラクターなどの使用許可を受けていないのにディズニーランドに酷似していると、米国政府が中国を著作権侵害で WTO に提訴した。中国では著作権的に合法に購入できる経済力はほとんどない。多くの中国人は海賊版を使用することを悪いと思っていない。中国政府が著作権保護を強化しても、中国に得になることはない。著作権保持者が得をする。偽物を買う人のほとんどは、本物は高すぎるから買えない。同年 5 月、北京市版権局はディズニー社から著作権侵害の抗議を受け、実態調査し、緊急措置を勧告した。北京五輪を前に中国のイメージダウンを避けたいからと見られた。同園は独自のキャラクターと反論したが、ディズニーキャラクターに似た像はほぼ全て取り壊され、着ぐるみも見あたらなくなった。同園は 2007 年 7 月に施設やイラストの大半を変更し、メディアに「模様替え」と説明した。ディズニーキャラを消した遊具に日本ニメそっくりの絵柄を描いた。報道されなくなってから、類似キャラクターがまた出現したことが、大手メディアの記者の取材で発覚した。

163

2.中国でテーマパークの供給過剰
中国のテーマパークの歴史

　中国でテーマパークの歴史は約30年である。1990年代に国内外の名所をミニチュア化した観賞型テーマパークが登場し、2000年代に入ると大型が増えてきた。しかし、テーマパーク全体のテーマ設定がなく、故障した遊具が放置され、園内のあちこちに日本や米国のアニメのそっくりキャラがあるケースも目立った[284]。

テーマパークの7割が赤字、倒産や営業停止多数

　2009年11月、工人日報は記事「中国テーマパークのブランド確立の道はどこに？テーマパークの7割は赤字」を掲載した。この頃、上海ディズニー建設が正式に発表された。さらに武漢でフランスとの協力で新たなテーマパーク建設が発表された。外資の進出が続く中、中国のテーマパークは生き残りと独自ブランド確立を目指し摸索した。初期の大型投資は広州の「広州世界大観」で、1995年開業、総工費6億元（約76.3億円）である。同園は一世を風靡したが、2009年に無期限営業中止が発表された。中国のテーマパークの7割が赤字と言われ、倒産や営業停止に陥ることがある。華僑城集団の任克雷（レン・クーレイ）CEOは「2000年からの10年間はテーマパークの自覚的発展期で、企業は何をなすべきかを知った時期だった。問題は次の10年である。もし方針を誤れば**一部の大都市に複数の似通ったテーマパークが乱立**する」と警告する。同CEOは「必要なのは理性的な成長で、近視眼的でない生き残りを目指した長期的な戦略が必要」と述べた[285]。

カジノ過熱で抑制策、マカオに廃墟のような建物4棟

　2009年12月、マカオでカジノが過熱していた。1999年にマカオがポルトガルから中国に返還され、中国政府はマカオを娯楽産業拠点と位置づけ、観光客を送るなど支援を続けてきた。カジノの成長は中国政府の予想を大きく上回り、汚職など社会問題を引き起こした。カジノの過熱を抑えながら娯楽産業をどう育成するのかが課題である。香港とマカオは中国の一部でありながら自由な経済活動を認める「一国二制度」を適用する。中国政府は香港とマカオを使い、本土で難しいビジネスの実験を続ける。香港は金融業、マカオは娯楽産業の

---

[284] 2021/07/06 東方新報「脱「パクリーランド」進む中国のテーマパーク　豊富な資金力、国産コンテンツで多様化進む」

[285] 2009/11/30 Record China「＜上海ディズニー＞テーマパーク、7割は赤字！外資系の進出、更なる脅威に―中国」

育成拠点と位置づける。中国本土でカジノは厳しく規制されており、ギャンブル可能なマカオ観光は中国人に人気である。2009年頃にはマカオのカジノ客の8割が中国本土客といわれた。中国は2003年に本土からのマカオ個人旅行を解禁し、カジノ産業を後押しした。中国本土客が落とすマネーを当て込み、2004年以降は米国系カジノが相次ぎ開業し、売上高世界一のカジノの街となった。2008年のカジノ総収入は1100億パタカ（約**1.2兆円**）と2002年の5倍弱の水準、域内総生産（GDP）は2008年に1700億パタカ（約**1.9兆円**）に達し、返還直前の1998年の3.5倍になった。

　中国の主要都市にテーマパークが乱立するが、大半が赤字とされる。ショービジネスなどマカオの経験が生かせる分野は多い。しかし中国本土とマカオが進めてきたカジノ振興策が危機的であった。**カジノ街に廃虚のような建物が4棟**並んでいた。ベネチアンを運営する米ラスベガス・サンズが高級ホテルの建設を進めていたが、2008年11月に建設が止まった。香港系の銀河娯楽集団もホテル開設を延期した。金融危機に加え、カジノ拡大を支持してきた中国政府がカジノ過熱の抑制策に転じたからである。マカオに隣接する広東省政府は2008年5月以降、同省住民のマカオ渡航ビザの発給を制限した。マカオ政府も中国の意向に従いカジノの拡張を規制する方針を打ち出した。規制強化は中国政府のカジノ過熱への危機感が背景にある。中国の地方政府で遊興費を捻出するための**汚職**が横行した[286]。

　マカオは中国政府に成長させてもらうのではなく、独自に経済成長できないのか。米ラスベガスはギャンブルをしない人も楽しめるエンターテイメントが多い。ラスベガスは人口約21万で、カジノホテル以外の仕事も十分にある都市となっている。マカオもラスベガスのようにカジノをきっかけに成長し、他の事業も充実している都市になれないのか。

中国全土でテーマパーク3000超え、破綻の懸念

　2015年には大阪のUSJが大好評で、中国人客が増えていた。数値は未公表ながら、円安や中国人の海外旅行ブームを背景に、入場者のうち数万～十数万人は中国人客が占めるとみられた。中国人がUSJに行く理由はUSJ自体の魅力だけではなく、中国のテーマパーク事情もある。中国では1990年代から深圳市などに大規模な「主題楽園（テーマパーク）」が作られてきたが、当初のこれらは香港人客をターゲットにしていた。2000年代からは自国民向けのテーマパークが増えたものの、有名キャラクターの偽物など、質の低いものも多かった。

---

[286] 2009/12/21 日本経済新聞　朝刊6頁「マカオ将来像、中国に戸惑い、返還10年、娯楽産業育成で試行錯誤。」

同年2月27日付の英紙『タイムズ』によれば、老朽化した施設や知的財産権侵害などが目立つ「安っぽくてつまらないテーマパーク」は中国全土で3000施設を超える。中国内の報道では、**全体の7割が赤字**だともいう。地方の施設を中心にジェットコースターなどの設備トラブルが報じられることも多い。中国人の生活水準向上や娯楽の多様化に対して、国内テーマパークの多くがお粗末なことがUSJに多数の中国人客が集まる一因である。

　その現状に新たなブルーオーシャン市場の魅力を感じてか、中国でテーマパークの建設ラッシュが起きていた。サンリオ監修で浙江省安吉県にオープンした「ハローキティ・パーク」（日）、上海ディズニーとUS北京（米）、計画中の「南京ロッテワールド」（韓）など外資系ブランドの進出が活発であった。地方都市に中国企業によるテーマパーク誘致も活発である。例えば山東省済南市周辺で16施設を計画中であった。安徽省蕪湖市もオープン済みの4施設を含め、将来的に7施設の開園を予定している。同様の傾向は南京市をはじめ中国各地で見られる。過剰供給が問題になる。中国のディベロッパーの中には、数年前に地価の上昇を見込んで施設の建設を計画したところもあり、**業績が伸び悩んだら宅地に転用**するつもりで、開発を進める例が多いようだ。ところが2014年以来、中国の不動産市場は明確に縮小傾向を示し、ディベロッパー各社の社債格下げやデフォルト（債務不履行）危機の噂が出ていた。2015年3月に全人代が「**新常態**」（**高度成長の事実上の終息宣言**）を謳う政府活動報告を採択するなど、中国の経済情勢は転換期にある。日本でバブル末期に計画・建設されたテーマパークの多くが倒産に追い込まれた。中国の建設ラッシュの後で日本のバブル崩壊後にようになる懸念がある[287]。

拡大から過大な資産を持たない「アセットライト戦略」に転換

　2015年7月、海昌控股有限公司（本社、大連）は、中国南東部にある海のテーマパーク7ヶ所とそれと別のテーマパーク1ヶ所を管理しているが、さらに2ヶ所のテーマパークを上海と海南島に建設していた。同社の運営するテーマパークの2014年の入場者数は1150万人で、上場した香港証券市場で高評価であった。しかし同社経営陣は大型テーマパークを建設、拡張してきた方針から過大な資産を持たない「アセットライト戦略」への転換を計画していた。王旭光CEOは「中国ではテーマパーク事業がすでに飽和状態に陥っている」「数年以内に経営難に陥る事業が出てくる」と述べた[288]。

[287] 2015/04/14 産経新聞　大阪夕刊9頁「中国テーマパーク事情　懸念される破綻の情景」
[288] 2015/07/29 Record China「中国でテーマパークが飽和状態、数年内に経営難か―香港紙」

飽和するもさらなる新設計画続々

　2015年9月、米フォーブスによると、過去5年間でテーマパークとウォーターパークを含む中国のテーマパーク市場の営業収益は年間伸び率11%で伸びていた。同分野の営業収益は2015年と2020年にそれぞれ33億ドルと48億ドルに達する見通しとなった。ディズニーや万達などの参入に伴い、同市場の先導者となった華僑城は大きな課題に直面した。華僑城は中国市場で10.6%のシェアを占める。2015年当時、中国全土に850ヶ所のテーマパークを擁する。さらに多くの海外資本が地元の協力企業との提携を通じて同分野に参入したい。また、オーストラリアのヴィレッジ・ロードショー・ピクチャーズは中国の投資大手である中信集団と提携し、成都で5億ドルのテーマパークを建設する[289]。

中国全土で2500のテーマパーク計画

　2017年6月、中国本土で2500ほどのテーマパークの開園が計画されており、建設ラッシュであった。アニメ映画「シュレック」などを手掛ける米ドリームワークス・アニメーションSKGも24億ドルを投じて、上海に「夢中心（ドリームセンター）」を建設中であった。米シックス・フラッグスのテーマパークは2019年にオープン予定であった。米テーマ娯楽協会会員でAECOMアジア太平洋バイスプレジデントのクリス・ヨシイ氏は、中国のテーマパーク市場はそれほど遠くない将来に米国市場を上回ると予想した[290]。

撤去されたテーマパーク、廃墟のような状態のテーマパーク

　2018年7月に日本人がまとめた「中国遊園地大図鑑」が話題を呼んだ。2016年に1作目「北部編」、2017年に2作目「中部編」、2018年に3作目「南部編」が発売された。著者の関上武司氏は1977年生まれで、愛知県在住の技術職サラリーマンである。北京留学、駐在員として江蘇省蘇州市に約2年間滞在した経歴を持つ。同書を出版したパブリブ社の編集者は、今後中国政府が模倣テーマパークを禁止したり、倒産したら、同書が歴史的資料を果たすと言う。関上氏は中国語が堪能で、中国人との交流は問題なかった。同氏は「随分前に撮影した物件を再訪してみると施設そのものが撤去されていたケースもあり、書籍での紹介そのものを断念したことがある」という。3作目の「南部編」で、特に印象深かった3ヶ所を挙げる。

---

[289] 2015/09/02 新華社ニュース（日本新華夏）「中国の遊園地市場規模が大きい　海外資本が殺到」
[290] 2017/06/20 ロイター「上海ディズニーランド16日開園、中国風演出で集客狙う」2021年8月9日アクセス https://jp.reuters.com/article/idJPL4N1951DM

①**珍珠楽園**（広東省珠海市）：ほぼ全てのアトラクションが運行停止している。半分以上が**廃墟**のような遊園地だった。従業員が畑で野菜を栽培、鶏の飼育、お手製ソーセージを干して自給自足に励む光景が理解不能で強烈な印象だった。

②**南昌万達楽園**（江西省南昌市）：万達の王健林会長の「西洋の模倣はやめにしたい」という強烈な意思が反映され、ショッピングモールに地元の**景徳鎮**のデザインを大胆に融合した。

③**長沙世界之窓**（湖南省長沙市）：世界一周がテーマ。2015 年に訪問した際に偽物の国家首脳陣がパレードに登場し、パクリキャラのエアー人形が目立っていた。2016 年に再訪したら、パクリキャラやグッズの減少が見られた。中国もオリジナルの漫画、アニメ、ゲームを大量生産できるようになり、徐々に著作権意識が高まっていくと感じた[291]。

中国にテーマパーク投資ブーム再来、収支偽装があるのか

　2019 年、中国にテーマパーク投資ブームが再来していた。観光業界向け情報ベンダーの旅界伝媒科技（北京）有限公司の試算によれば、すでに開業済み、または開業予定のテーマパーク 35 ヶ所に、2019 年に総額 4500 億人民元（約 7 兆円）が投じられる見込みとなった。1 ヶ所当たり平均 129 億人民元の規模に達し、過去 20 年の平均をはるかに上回ると 21 世紀経済報道などが伝えた。中国のテーマパーク産業は拡大一辺倒の**投資偏重型**成長戦略が問題だった。需要予測の見誤りや身の丈を超えた過大投資が多い。ある統計によれば、中国 338 ヶ所に整備された各種テーマパークのうち、25%は赤字、22%は収支トントンであった。残り 53%は黒字というものの、**収支が偽装**されている可能性も排除できない。データ精度に疑問符が付く。また中国テーマパーク産業ではチケット収入で売り上げの 8 割超を依存する。グッズ販売などのキャラクター商品や飲食店・ホテルなど二次消費の比率は 2 割に満たない。一方、海外テーマパークは二次消費が売り上げ全体の 6 割を占める。入場者のリピート率は、例えば東京ディズニーランドが 50%の高水準を記録するのに、中国はテーマパーク業界全体で 3 割未満である。中国テーマパーク運営各社は収益力の向上を目指し、キャラクターを生かした「IP（知的所有権）ビジネス」の強化に動いている。華強方特は 4 年かけて制作したオリジナル時代劇アニメ「傭之城」を発表した。大型テーマパーク「北京歓楽谷」も経営改革を加速させ、M&A や提携を通じて IP ビジネスを強化している。中国の人気アニメ「夢幻

[291] 2018/07/13 Record China 「半端ない！中国のパクリ遊園地＝雑なコピーから斬新な発展へ、魅了された日本人が見た変化」

西遊」などの IP 使用権を取得する。4 年に一度の頻度でアトラクションを刷新してきた「北京歓楽谷」はリピーター率 50%をすでに獲得していた[292]。

　香港ディズニーが入場者数を実際より多く発表したと香港メディアが報じた（第 1 章）。亜州 IR 中国株ニュース（2019 年 7 月 31 日付）もテーマパークが収支を偽装している可能性を指摘する。中国以外の国でも収支や入場者数を実際より多く発表している可能性がある。テーマパーク業界はランキング上位に来ることでさらに知名度と集客数が上がると言える。

政府がテーマパーク建設を積極支援、独自路線も台頭

　中国のテーマパーク業界は「パクリ」「つまらない」と言われた時代を経て、2010 年代に入ると経済成長に伴う資金力や技術力、国内で育ってきた独自コンテンツを生かしたテーマパークが誕生し始めた。テーマパークの設計や経営を手がける華強方特は中国の神話を生かしたテーマパーク「方特東方神画」や人気国産アニメ「熊出没」のテーマパークを各地に建設する。映画会社の華誼兄弟は自社作品のコンテンツを生かした「映画村」を各地に開設している。海昌海洋公園は巨大水族館やプールなど水をテーマとする大型施設を各地に設けた。仮想現実（VR）やデジタル技術を生かした新コンテンツ体験も各施設が導入している。政府もテーマパークの建設を積極支援し、新しい娯楽産業の創成に力を入れる。この動きは、上海ディズニーが刺激となった。上海ディズニーの入場者の平均滞在時間が 10 時間という「囲い込み」手法やスタッフのホスピタリティ、周囲にホテルやショッピングモール、リゾート施設を設ける全方位戦略などを模倣する[293]。

海外大手は一線都市に、地元企業は二線・三線都市に進出

　2021 年、レゴランドが 5.5 億ドルを投資し中国に進出する準備に入っていた。上海レゴランド有限公司はすでにレゴランドの用地を取得し、国有建設用地使用権譲渡契約に調印した。完成すれば世界最大のレゴランド・リゾートの一つになる。中国では海外大手が一線都市に、地元企業は二線都市、三線都市への進出を重視する[294]。万達や華僑城の方がテーマパーク 1 ヶ所への投資額が海外大手企業よりも多い。決して中国企業が資金力で劣るわけではない。

[292] 2019/07/31 亜州 IR 中国株ニュース「【統計】中国にテーマパーク投資ブーム再来、19 年は 7 兆円規模　中国」
[293] 2021/07/06 東方新報「脱「パクリーランド」進む中国のテーマパーク　豊富な資金力、国産コンテンツで多様化進む」
[294] 2021/10/13 人民網「「経済」テーマパークが「人気爆発」金脈を掘り当てたカギは何？」

低予算で用地を獲得する時の3類型

　テーマパーク向けの広い用地を低予算で確保する方法として次の3類型がある。それは、①筑波大学型、②中央大学型、③両大学複合型、と前書「日本編」（2022a）で定義した。

　筑波大学の前身は東京教育大学である。筑波大学は1973年に茨城県つくば市に移設された。つくばエクスプレス開通前で非常に不便な立地にあった。東京などからバスで揺られていくと、郊外に突然新築のビル群が出現した。広い敷地を確保するために郊外に立地する。

　中央大学は東京都文京区後楽園という東京ドームの近くに立地したが、ドーナツ化現象で東京都八王子市の多摩キャンパスにメインキャンパスを移した。ここは傾斜地である。山の自然な斜面を活かしていると言えるが、歩くには勾配が辛い。

　郊外かつ傾斜地を活かしたテーマパークを両大学（筑波大学型と中央大学）複合型と定義する。3類型とも地価がお手頃価格である。例えば、「香港海洋公園」は郊外に突然出現する。しかも急な傾斜地にスキー場のようなリフトやゴンドラ、エスカレーターなどを配備して工夫している。それに対して、香港ディズニーランドは香港政府の重点政策なので、香港中心部と香港国際空港の間のMTR（地下鉄）の駅前という便利な場所にある。

表1：低予算で用地獲得する時の3類型

	低予算の用地	特徴
1	筑波大学型	郊外に突然新築ビル群が出現
2	中央大学型	傾斜地の斜面を有効活用
3	両大学複合型	郊外かつ傾斜地を有効活用

出典：中島（2022）『テーマパーク産業論改訂版　日本編』166頁

3.本書の限界と今後の研究課題

本書の限界

　本書の限界は、インタビュー調査に応じてもらえず、データアクセシビリティが低いことである。筆者はこれまで多くのテーマパークにインタビュー調査を申し込んだが断られてきた。経営状態を文章化され発表されても良いテーマパークはごく一部である。実はテーマパークの経営学的研究は、業界各社の協力を得にくい。そのため二次資料、特に経済新聞を頼りに情報収集する。また筆者ができる言語は日本語と英語のみで、中国語、広東語などはできない。主として日本語、一部英語での報道を頼りに情報収集するしかない。

今後の研究課題

　今後の研究課題は本書執筆までに気づいていないテーマパークの存在を知り、その研究を進めることである。筆者は一パークに詳しいことよりも、多くのテーマパークに詳しく、業界全体を網羅することを優先している。ただし公表データが最も多く、元従業員の書籍が多い日米のディズニーリゾートについて詳細な研究を進めたい。日米のディズニーリゾートを詳細に研究することで、業界全体を代表しているという立場をとることもある。

　筆者の研究は、テーマパーク業界を初めて経営学的に研究し、全体像を明らかにする挑戦である。できるだけ事例研究を増やし、**多くの事例が集まったら帰納**したい。筆者は後に**帰納法**で解明するための途中段階にいる。

　テーマパーク業界は世界的に急成長している。同じ状態に止まらない業界である。日米のように成熟した市場であっても常時追加投資して新しくなる。新興国には大量のテーマパーク計画があり、実際に新設されるテーマパークも多い。今後はエンターテイメント性の高い博物館、美術館、水族館、動物園などの集客施設も対象に広げたい。

　またテーマパーク業界関係者から相談や依頼を受けたら、研究者として協力し一緒にテーマパーク業界を盛り上げたい。守秘義務が多くて発表できないが、貴重な経験ができる。

中国四大テーマパーク

　本書を完成させた後、①宋城演劇、②華強方特、③華僑城、④海昌海洋公園が中国四大テーマパーク[295]と呼ばれていることが発覚した。すでに本書を完成させた後なので、次に「中国編2」でこれら4社について詳しく調査したい。できればフィールドワークしたい。

4.政策提言：環境保全志向とSDGs

　中国だけでなく世界のテーマパーク業界への政策提言として、環境保全志向とSDGsの重要性を述べたい。

SDGsとは何か

　世界的にSDGs（エスディージーズ）が盛んである。総務省[296]によると、SDGs（Sustainable Development Goals）とは「持続可能な開発目標」の略である。2001年に策定された<u>ミレニ</u>

---

[295] 2021/10/20 亜州リサーチ　中国株ニュース「【統計】中国四大テーマパーク一角の海昌海洋公園、資産売却で負債削減　中国」
[296] 総務省「SDGsとは?」2021年8月5日アクセス

アム開発目標（MDGs）の後継として、2015年の国連サミットで加盟国の全会一致で採択された「持続可能な開発のための2030アジェンダ」に記載された2030年までに持続可能でよりよい世界を目指す国際目標である。17のゴール、169のターゲットから構成され、地球上の「誰一人取り残さない（leave no one behind）」と誓っている。SDGsは発展途上国のみならず、先進国が取り組むユニバーサル（普遍的）なもので、日本も積極的に取り組む。

外務省[297]によると、SDGsの17の目標は、①貧困：貧困をなくそう、②飢餓：飢餓をゼロに、③保健：すべての人に健康と福祉を、④教育：質の高い教育をみんなに、⑤ジェンダー：ジェンダー平等を実現しよう、⑥水・衛生：安全な水とトイレを世界中に、⑦エネルギー：エネルギーをみんなにそしてクリーンに、⑧成長・雇用：働きがいも経済成長も、⑨イノベーション：産業と技術革新の基盤、⑩不平等：人や国の不平等をなくそう、⑪都市：住み続けられるまちづくり、⑫生産・消費：つくる責任つかう責任、⑬気候変動：具体的な対策を、⑭海洋資源：海の豊かさを守ろう、⑮陸上資源：陸の豊かさも守ろう、⑯平和：平和と構成をすべての人に、⑰実施手段：パートナーシップで目標を達成しよう、である。

先進国ではより一層環境保全が求められる。テーマパーク業界では、⑤ジェンダー平等を実現しよう、⑭海洋資源、⑮陸上資源を守りながら、⑧成長・雇用、働きがいも経済成長も達成するという目標が該当するだろう。

地球温暖化現象がテーマパーク業界を直撃

諸外国では、マレーシアのジョホールにあるレゴランド・マレーシア・リゾートは開業以来、集客に苦戦している。マレーシアなどの**熱帯性気候は屋外型テーマパークに不向き**との見方もある。日本では、夏に暑すぎると海水浴場、プール等で来場者数が減る傾向にある。適度に暑いなら来場者数増加につながるが、極端に暑いと海やプールですら客数が減る。空調が効いた室内の施設に人気が集まる。つまり**地球温暖化現象が集客減少**をもたらす。

ウォルト・ディズニー（1901～1996年）は、温暖なロサンゼルス郊外のアナハイムやフロリダ州オーランドに土地を購入し、テーマパークを設立した。その後、温暖化が進行し、夏季は極端に暑くなった。生前のウォルトが前提とした気候に比べて過酷な気候になった。

猛暑は客より従業員を直撃する。客は自由に涼しい場所に移動できるが、従業員は会社都合で動かされる。TDRでキャラクター出演者として働く女性出演者が過酷な労働環境改善

https://www.mofa.go.jp/mofaj/gaiko/oda/sdgs/about/index.html
[297] 外務省「持続可能な開発目標（SDGs）達成に向けて日本が果たす役割」2021年8月5日アクセス https://www.mofa.go.jp/mofaj/gaiko/oda/sdgs/pdf/sdgs_gaiyou_202108.pdf

を求めてオリエンタルランドを訴えている。キャラクター衣装は冬でも熱中症患者が出るほど暑い（中島, 2019）。ウォルト時代のロサンゼルス周辺やフロリダでは、気温は高いが湿度が低く、雨が少なく、爽やかな気候であった。それに比べて東京周辺は高温多湿で多雨である。マレーシアなど熱帯性気候の国は日本以上に高温多湿多雨である。

　それなら室内型テーマパークにすればいいと思うだろう。しかし室内型テーマパークは建設費が高額になる。しかもジェットコースターやフリーフォール、観覧車など高いアトラクションを設置しにくい。小型の乗り物がメインでは、小さい子供向けとなり、人気が出にくい。駐車場や公園等を潰して拡張しようにも、室内型では拡張しにくい。

　筆者の知る限り、世界初の本格的な室内型テーマパークは日本のサンリオピューロランドである。サンリオピューロランドは開業してみたら、休日に多くても定員の2倍の客数が限度で、平日にも集客力が求められることとなった。しかし平日に集客力があることはテーマパーク業界、レジャー業界では簡単ではない（中島, 2022a）。またフェラーリ・ワールド・アブダビは室内型テーマパークである。アブダビは砂漠気候で真冬でも昼間は暑い（中島, 2022b）。寒冷地ではロシアのモスクワに室内型テーマパーク「オストロフ・メチティ（夢の島）」が2020年2月に開業した。これは「ロシア版ディズニーランド」と言われている[298]。モスクワでは長く厳しい冬の集客のために室内型は必須である。暑すぎるエリアと寒すぎるエリアでは室内型テーマパークが増えるだろう。ヨーロッパでは冬季に閉鎖されるテーマパークが多い。冬季の営業を放棄するか、室内型にするかである。

　新興国では先進国に追いつけ追い越せと急ピッチで開発が進む。新興国では環境保全より経済成長優先のケースが多いのではないか。環境保全はテーマパーク業界だけの課題ではなく、全人類の課題である。温暖化現象で苦しむ人が減るよう、少しでも環境保全に努めたい。

SDGs ブームに対するアンチテーゼ

　SDGs という概念が重要と言われると、それに取り組むことが有名企業にとって義務と化す。SDGs への取り組みをHPに目立つように記載し、実際のオペレーションはそのHPで謳っていることより低い程度で実施する会社は一部あるだろう。そのため名ばかりのSDGs宣言をしないことが重要である。地球上の全員が、それが必要な理由を理解し、他者に良く見られるためでなく、メディア対応だけでなく、日常の些細な部分で行動することが重要で

---

[298] 2020/02/28 シネマトゥデイ「「ロシア版ディズニーランド」29 日開園、プーチン大統領が視察」2022 年 6 月 1 日アクセス https://www.cinematoday.jp/news/N0114424

ある。そして組織で名ばかりのSDGs宣言に反対できる社風が必要となる。しかし組織内で権力者に反対することは、現実的にはほぼ不可能である。

　SDGsが先進国に強く課された義務ということは、SDGsの実行は高コストなのだろう。理想的な目標を達成できるに越したことはないが、SDGs実行にはコストを払うことになる。資金力で劣る中小企業はSDGsにかかるコストを捻出しにくいだろう。よって事実上、企業が取り組むSDGsは<u>広報</u>活動の一部と言える。つまりSDGsにかかるコストは<u>広告</u>コストに類似する。

　そのため表面的にSDGsに取り組んでいるとHP等に書くも、実際は取り組んでいない「SDGsウォッシュ」が問題になっている。例えば、SDGs推進のため建材や二酸化炭素排出量に一定の要件を設けたとして、それらが適切に運用され、環境に対して有効と認められる基準でなければならない。さらに抜き打ち検査や監査をすることでそれを担保する必要がある。ただしその社会的コストを公費で負担することになる。財源をどうするのか。そこまでできるのか。よって、SDGsという言葉を使っているかは関係なく、実際に環境保全に努めているかが重要である。

SDGsとエコツーリズム

　SDGsと似た概念に「エコツーリズム」がある。

　環境省[299]によると、「エコツーリズムとは地域ぐるみで自然環境や歴史文化など、地域固有の魅力を観光客に伝えることにより、その価値や大切さが理解され、保全につながっていくことを目指していく仕組みである。観光客に地域の資源を伝えることによって、地域の住民も自分たちの資源の価値を再認識し、地域の観光のオリジナリティが高まり、活性化させるだけでなく、地域のこのような一連の取り組みによって地域社会そのものが活性化されていくと考えられる。」エコツーリズム推進法（平成19年法律第105号）において、エコツーリズムは「自然環境の保全」「観光振興」「地域振興」「環境教育の場としての活用」を基本理念とする。

　世界的にエコツーリズムを謳うホテルがたくさんある。そこではエコツーリズムを主張してシーツやタオルの交換を減らしたいと書いた紙が貼られている。または清掃しないならミネラルウォーター等、何かプレゼントをつけるなどの特典がある。エコツーリズムの具体的

---

[299] 環境省「エコツーリズムとは」2022年8月17日アクセス
https://www.env.go.jp/nature/ecotourism/try-ecotourism/about/

な運用方法はこのようなことが多い。つまりエコツーリズムを謳ったサービス低下と言わざるをえない。サービス低下との差別化が必要となる。ホテルならばシャワーの水圧を弱くし、洗い流したらすぐに水道を止めるよう紙に書いて呼びかける、食品ロスが無いよう呼びかけるなど、消費者にとって実行可能なことを呼びかけたい。

心理的陳腐化戦略と SDGs の矛盾

さらに、テーマパーク業界はキャラクター業界、キャラクターグッズ業界でもあるので、サステイナビリティ（持続可能性）の逆を行くという問題がある。「それは古いです。去年のグッズです」と遠回しに主張し、今年のデザインの商品の購入を促進する。これをマーケティングで「心理的陳腐化戦略」という。先進国ではほとんどの産業が飽和しているので、ありとあらゆる工夫をしないと商品が売れにくい。すでに持っている物の最新版を買わせようとする行為なので、SDGs の対極にある。

ウォルト・ディズニーは 1928 年にミッキーマウスのアニメ『蒸気船ウィリー』をヒットさせ、キャラクターを食器やぬいぐるみにして発売する話が来たので発売してみたところ、映画よりもグッズ販売の方が、利益率が高いと発覚した。よって、テーマパーク業界はグッズ販売で稼ぐビジネスモデルである。グッズ販売をやめる気はないはずである。入場料は 1 人いくらか決まっているが、グッズ販売は上限がない。キャラクターのファンを育てれば、高額の買い物が期待できる。つまり SDGs の精神と矛盾する。

中国政府の環境保全行動

急速な開発を進める中国では環境保全の意識が弱いと思われる。環境保全よりも経済成長が優先されているのだろう。その結果、中国では PM2.5 など環境問題に悩まされている。

沃徳蘭遊楽園の建設が 1998 年に突然ストップした理由は明らかにされていないが、洪水被害が生じたため、当局が森林破壊事業を停止させたとの見方があった。この頃すでに中国政府は環境保全意識があったのかもしれない。

2007 年に華僑城の国家生態観光モデルエリアとして「東部華僑城」が開業した。投資総額約 525 億円で「自然への回帰」をコンセプトにリゾートやアウトドアを特色とした。

2021 年に中国の住宅・都市農村建設部と国家発展改革委員会が醜い建物の建設を厳しく禁止し、「（その場所に）適した、安価で、環境にやさしい、美しい」建物を支持する方針を示した。SDGs という言葉を使っていないが、中国政府に環境保全に対する意欲があることが分かった。経済成長優先の中国が環境志向の姿勢を見せた。

経済活動と経済的豊かさを手に入れる欲望をいかに抑えられるか、つまり理性が必要となる。しかし自分だけ禅宗のような質素倹約な生活をするとしても、他者の裕福な生活を見てしまうと欲が湧くだろう。経済成長と環境保全を両立させながら持続可能なテーマパーク計画を進めてほしい。

<参考文献>
・中島　恵（2013b）『テーマパーク経営論～映画会社の多角化編～』三恵社
・中島　恵（2013c）『東京ディズニーリゾートの経営戦略』三恵社
・中島　恵（2014a）『ディズニーランドの国際展開戦略』三恵社
・中島　恵（2014b）『ユニバーサル・スタジオの国際展開戦略』三恵社
・中島　恵（2019）「オリエンタルランド・ユニオンの功績（その3）−労災認定とパワハラ訴訟−」『労働法律旬報』2019 1月合併号、95-105 頁
・中島　恵（2022a）『テーマパーク産業論改訂版　日本編』三恵社
・中島　恵（2022b）『テーマパーク産業論改訂版　アジア編』三恵社

著者紹介

中島　恵（なかじま　めぐみ）

明治大学　経営学部　兼任講師
学位：修士（経営学）［明治大学］
専門：経営学、観光事業論、レジャー産業論、テーマパーク経営論

<略歴>
明治大学大学院　経営学研究科　博士前期課程　経営学専攻　修了
明治大学大学院　経営学研究科　博士後期課程　経営学専攻　単位取得満期退学
明治大学経営学部専任助手、星稜女子短期大学（現・金沢星稜大学短期大学部）経営実務科専任講師、大阪観光大学観光学部専任講師、東京経営短期大学総合経営学科専門講師を経て2021から現職。

<単著>（全て三恵社）
1　（2011）『テーマパーク産業論』
2　（2012）『テーマパーク産業の形成と発展－企業のテーマパーク事業多角化の経営学的研究』
3　（2013a）『テーマパークの施設経営』
4　（2013b）『テーマパーク経営論～映画会社の多角化編～』
5　（2013c）『東京ディズニーリゾートの経営戦略』
6　（2014a）『ディズニーランドの国際展開戦略』
7　（2014b）『ユニバーサル・スタジオの国際展開戦略』
8　（2016）『観光ビジネス』
9　（2017a）『ディズニーの労働問題～「夢と魔法の王国」の光と影～』
10　（2017b）『なぜ日本だけディズニーランドとUSJが「大」成功したのか？』
11　（2021a）『テーマパーク事業と地域振興』
12　（2021b）『テーマパーク事業論～プロデューサーの仕事内容～』
13　（2022a）『テーマパーク産業論改訂版 日本編』
14　（2022b）『テーマパーク産業論改訂版 アジア編』

テーマパーク産業論改訂版 中国編

2023年3月31日　　初 版 発 行

著 者　　中 島　恵
Nakajima, Megumi

発行所　　株 式 会 社　三 恵 社
〒462-0056 愛知県名古屋市北区中丸町2-24-1
TEL 052 (915) 5211
FAX 052 (915) 5019
URL http://www.sankeisha.com

ISBN978-4-86693-775-5